Hagau
Leh Thutah a Biahna

Hagaulam Biahna

Dr. Jaerock Lee

*"Hizongleh ahun tung diing ahita,
tuin zong a tung zing ahi,
hu hun chiangin a be tahtahte'n Pa chu hagau
leh thutahin a be diing uhi,
ajiahchu Pa'n huchibang mi amah be diingin a hawl ahi.
Pathian chu Hagau ahi a,
huleh a be mite'n hagau leh thutah a
a biah diing uh ahi, a chi a."
(Johan 4:23-24)*

Hagau leh Thutah a Biahna a gialtu Dr. Jaerock Lee
Sundohtu Urim Books (Palai: Johnny. H. Kim)
235-3, Guro-dong 3, Guro-gu, Seoul, Korea
www.urimbooks.com

A neitu hihna khaam veh ahi. Hi lehkhabu chu a pumpi hi'n a bawngkhat hitaleh a suahtu phalna bei a bangchizawng ahakhat a teisawn ahiai ahihlouhleh electronik, limnamdoh, khumthoh, ahihlouhleh sil dang zanga suahkhiat phal ahi sih hi.

Kiheetsahna dang a um louhleh, Bible thukisoite laahsawnte chu, Holy Bible, NEW AMERICAN STANDARD VERSION apat kila ahi. Copyright © 1960, 1962, 1963, 1968, 1971, 1972, 1973, 1975, 1977, 1995 The Lockman Foundation in a neih ahi. Phalna toh kizang ahi.

Copyright © 2012 neitu Dr. Jaerock Lee
ISBN: 979-11-263-1294-8 03230
Lehtheihna Copyright © 2012 neitu Dr. Esther K. Chung. Phalna toh kizang ahi.

Sut Khatna November 2012

A masa a Korea haam a Urim Books in 1992 a sut ahi.

Endihtu Dr. Geumsun Vin
A Cheimawitu Urim Books Editorial Bureau
Tanchin kimzaw heetna diingin urimbook@hotmail.com toh kithuzaah in.

Thumapui

Acacia singkung chu Israel gamdai a kilangsar mahmah khat ahi. Hih singkungte'n hinna diingun leinuailam ah zung tong za a sim in zung a ha a huleh leinuailam tui a hawl uhi. Khatvei et zual in, a cacia singkungte singkhuah diing chauh a hoih ahi, hizongleh a kung chu a taah a huleh singkung dangte sangin a touzaw hi.

Pathian in Heetpihna Bawm (Thuhun Bawm) chu acacia singkung zanga bawl diingin, sana tui a luan diingin, huleh Mun Siangthoupen a koih diingin thu A pia hi. Mun Siangthoupen chu Pathian tenna mun siangthou ahi a huleh hutahah siampulal chauh lut phal ahihna mun ahi. Huchi mahbangin, mikhat Pathian Thu hinna hi a zung ha in Pathian maia vanzat luultah a, a zat chauh hilou in hizongleh a hinkhua ah gualzawlna kiningchingtah a nei diing hi.

Hikhu chu Jeremiah 17:8 in ahung hilh tobang ahi, "Ajiahchu amah chu tuite kawma kisuan sing, a zungte lui kawma zaam bang ahi diinga, kholum hung tun hun amu sih diing; hizongleh a nah chu ahing zing diinga, khokheen kum a poisa sih diing, gahsuah lah a tawp ngei sih diing hi." Hitahah, "tui" kichi in Pathian Thu a kawh a, huleh hutobang gualzaw\lna tang mikhat in Pathian Thu kiphuandohna biahna kikhopna a ngaina mahmah diing hi.

Biahna chu pathian maia zahna leh paahtaatna kilatsahna hun zat ahi. A lawm a soi in, Khristian biahna chu Pathian kawma kipaahthu soina hun leh zahna, phatna, huleh loupina toh Amah i tawisang hun uh ahi. Thuhun Lui hun leh tuni hun ah, Pathian in Amah hagau leh thutah be mite ana hawl in A hawltou nalai hi.

Thuhun Lui a Siampubu ah biahdan siamneltahin a kigial hi. Mi khenkhatte'n Siampubu Thuhun Lui daan dungjuia Pathian kawma sillatna daan toh kisai ahi a, tuni a diingin a zat theih nawn sih a chi uhi. Hikhu chu tuni a i biahdan va kiphum Thuhun Lui daante a biahna poimohna jiahin hi kaanin a dihlouzaw thei sih hi. Thuhun Lui hun lai a mahbangin, Thuhun Thah hun a biahna chu Pathian toh i kituaahna uh lampi ahi. Sillatna, dembei, toh kisai a Thuhun Lui daante hagaulam poimohnate i juih chiang chauh un, Thuhun Thah hun ah zong hagau leh thutah in Pathian i be thei uhi.

Hih lehkhagelh in zillaite huleh mimiltaha halmang sillatte, tangbuang sillatte, kilemna sillatte, sual sillatte, huleh mohna sillatte Thuhun Thah hun a hing eite tunga zat theiha a um toh kiton a suichian in sillatdan tuamtuamte poimohna i en diing uhi. Hikhu in Pathian na bangchi toh diing ahiai chih bukimtaha hilhchianna diingin ahung panpih hi. Sillatna toh kisai daante hesiam diinga simtute kawhmuhna diingin, hih lehkhagelh in Pathian biahbuuh lim leh meel kilawmtah, Biahbuuh sungnung lam leh Mun Siangthoupen leh biahna toh kithuah vanzatte a kengtel hi.

Pathian in hichiin ahung hilh hi, "Kei ka sianthou bangin, nanguh zong siangthou un" (Siampubu 11:45; 1 Peter 1:16), huleh eite koipouh Siampubu a kigial sillatte tungtaang daante hesiam veh a huleh hinkho siangthou zang diingin ahung deih hi. Thuhun Lui hun a sillat tungtaang lam chinteng na hung heet va huleh Thuhun Thah hun a biahna na hung heetsiam uh ka kinem hi.

I Lalpa Jesu Khrist min in Solomon in a sang a sim halmang sillat toh Pathian a suhlungkim mahbanga, hih lehkhagelh simtu koipouh chu Pathian mai a vanzat luultah a zat hung hi a, lui gei a sing kisuan banga, Pathian kawma Amah hagau leh thutah a biahna tungtawn a lungsiatna leh kipaahna silgimtui piahna tungtawn a gualzawlna luanglet na tan uh chu ka haamteina ahi!

February 2010
Dr. Jaerock Lee

A Sunga Thu Umte

Hagau leh Thutah a Biahna

Thumapui

Bung 1
Pathian in A Pom Hagaulam Biahna   1

Bung 2
Siampubu A Kigial Bang Thuhun Lui Sillatte   17

Bung 3
Halmang Sillat   43

Bung 4
Taangbuang Sillat   67

Bung 5
Kilemna Sillat   83

Bung 6
Sual Sillat   95

Bung 7
Mohna Sillat   111

Bung 8
Na Sapum chu Kithoihna Hing leh Siangthou in Laan in   123

Bung 1

Pathian in A Pom Hagaulam Biahna

"Pathian chu hagau ahi, huleh Amah be mite'n hagau leh thutah in a be diing uhi."

(Johan 4:24)

1. Thuhun Lui Huna Sillatte leh Thuhun Thah Huna Biahna

A bultahah, Adam, mihing kisiam masapen, chu Pathian toh tangtah leh kineihtaha kizopna nei thei silsiam khat ahi. Setan in a heem nung leh sual a bawl zoh in, Adam in Pathian toh a kineihna uh suhtan ahi. Adam leh a suante a diingin, Pathian in ngaihdamna leh hutdamna lampi ana bawla huleh Pathian toh a kihoutheihna uh lampi a hong hi. Hu lampi chu Thuhun Lui huna sillatna paidan, Pathian in khotuahna toh A piah chu a kimu hi.

Thuhun Lui hun a kithoihnate chu mihingte bawltawm ahi sih hi. Pathian ngei in A hilh leh A taahlat ahi. Hikhu chu Siampubu 1:1 apat a kimu hi. "Huleh LALPA'N Mosi A kou a, mipungkhawmte biahbuuh apatin a kawmah thu A soi hi." Hikhu chu A bel leh Cain, Adam tate'n Pathian kawma a piah uh apat in zong a heet theih hi (Siamchiilbu 4:2-4).

Hih sillatte'n, amah uh poimohdan dungjui chiat in, daan a jui chiat uhi. Hute chu halmang sillat, taangbuang sillat, kilemna sillat, sual sillat, huleh mohna sillatte in a kikhen a, huleh sual a khawhdan a kinga in huleh mite'n sillat a bawl uh dinmun dungjuiin, bawngtalte, belaamte, keelte, vapaalte huleh taangbuangte lat in a um thei hi. Siampute sillat saitute'n a hinkhua va mahni kithununna a latsah diing va, a gamtaat va pilvang a, siampu puantual silh silh in, huleh daan umsa dungjuia pilvang theitawp a, a lat diing uh ahi. Hutobang sillatte chu a polam a kibawl jel heetsiam hahsa leh khauh mahmah ahi.

Thuhun Lui hun laiin, mikhat in sual a bawl leh gan sisan suah a sual kithoihna laan in huleh a kithoihna sisan jalin hutdam ahi thei uhi. Ahihvangin, akum akum a gan sisan kisuahdoh in mite a sualna vapat in a susiang veh thei sih hi; hih sillatte chu tomkhat a diing giap ahi a huleh a bukim ahi sih hi. Hih jiah chu mikhat a sualna apat a hutdoh ahih vehna diingin mikhat hinna chauh toh ahi thei hi.

1 Korinthete 15:21 in hichiin ahung hilh hi, "Bangjiahin ahiai ichihleh mihing jiaha sihna ahung um jiahin, mihing jiah mahin misi thohkiitna zong ahung umta hi." Hukhu jiahin, Jesu Pathian Tapa tahsa in hih khovel ah A hung a, sual lou zongleh, A sisan kross dawnah A suah a huleh huh tungah a si hi. Jesu khatvei kithoihna ahung hih kalsiah (Hebraite 9:28), sisan kithoihna daan buaihuaitah leh khauhtah ngaihna chu a poimoh nawn sih hi.

Hebraite 9:11-12 a i sim uh mahbangin, "Hizongleh Khrist chu sil hoih hung um diingte siampu lal diinga hungin, biahbuuh loupizaw leh bukimzaw, khuta sahlouh ah, huchu hi silsiam laha ahi sih chihna ahi; Keelte leh bawngnoute sisan-a hilouin, amah ngeei sisan-a eite diinga kumtuanga tatkhiaahna muin mun siangthou ah setden diingin khatvei chauh a luutta hi," Jesu'n kumtuang tatdohna A tongdohta hi.

Jesu Khrist jalin, sisan kithoihnate Pathian kawmah i laan nawn sih va, hizongleh Amah mai ah tuin i va pai un huleh kithoihna hing leh siangthou i laan thei uhi. Hikhu ahi Thuhun Thah hun a diinga biahna neihna. Jesu hun tengteng a diingin sualnate kithoihna chu kross a kikilhbeh leh A sisan luangsah in khatvei kithoihna a laanta hi (Hebraite 10:11-12), i lungtang va sual apat hutdam i hita uh chih i gintaat va huleh Jesu Khrist i pom chiangun, i sualnate ngaihdamna i tang thei uhi. Hikhu chu natoh uangsoi hunguan zatna ahi sih a, hizongleh ginna latsahna i lungtang vapat a hung luangdoh ahi. Hikhu chu kithoihna hing leh siangthou huleh hagaulam biahna kikhopna ahi (Romte 12:1).

Hikhu umzia chu Thuhun Lui hun laia sillatte chu suhtawp ahita chihna ahi sih hi. Thuhun Lui chu a lim ahihleh, Thuhun Thah chu a tahtah ahi. Daan mahbangin, Thuhun Lui a k\ ithoihna daante chu Jesu'n Thuhun Thah ah A subukimta hi. Thuhun Thah hun laiin a paidan ngeina chu biahna kikhopna in a kihengta hi. Pathian in Thuhun Lui hun a kithoihna dembei siang ana kipaahpih bangin, Thuhun Thah hun hagau leh thutah kilaan i biahna kikhop ah a kipaah diing hi. Paidan khauhtah leh juihtuaah silte'n a polam a kibawl silte chauh a uangsoi sih a hizongleh thuuhtahin hagaulam poimohna thuuhtah a kengtel hi. Hute'n biahna toh kisai a i lungput i kivelna theihna diing uh hilhtu hihna na a tong uhi.

Khatna ah, innveengte, sanggamte, ahihlouhleh Pathian (mohna sillat) maia silbawlsualte diinga thuphatawina natoh tungtawn a leiba ditna ahihlouhleh mohna i laah zoh chiangun, gingtu khat in a hinkhua kalkhat paita a nung et kiit a, a sual a phuan a, huleh ngaihdam a nget diing ahi (sual sillat), huleh huchiin lungtang siang leh chihtahna tahtah (halmang sillat) toh a laan diing ahi. Kal paisa (taangbuang sillat) sunga hung veengtu A khotuahna kipaahna a pilvang theipen a kisahkholpih kithoihna piahna tungtawn a Pathian i suhlungkim huleh i lungtang deihzawngte uh Amah i hilh chiangun (kilemna sillat), Ama'n i lungtang deihzawng ahung suhbuchinsah diinga huleh khovel tunga gualzohna diing haatna leh silbwltheihna ahung pe diing hi. Huchi ahih dungjuiin, Thuhun Thah hun a biahna kikhopna ah Thuhun Lui sillatte tungtaang a daante poimohna tampi a um hi.

Thuhun Lui hun a kithoihna daante chu Bung 3na leh a baan ate ah a bukimzaw in suisuh ahi diing hi.

2. Hagau leh Thutah a Biahna

Johan 4:23-24 ah Jesu'n hichiin ahung hilh hi, "Hizongleh ahun tung diing ahita, tuin zong a tung zing ahi, hu hun chiangin a be tahtahte'n Pa chu hagau leh thutahin a be diing uhi, ajiahchu Pa'n huchibang mi amah be diingin a hawl ahi. Pathian chu Hagau ahi a, huleh a be mite'n hagau leh thutah a, a biah diing uh ahi." Hikhu chu Jesu'n Samari khopi Sychar tuitohdoh muna A kituaahpih numei khat kawma A soi themkhat ahi. Numeinu'n Jesu, tui A ngetna apat a kihoulimna a patpih kawmah, biahna toh kisai thu a dong hi, hikhu chu mite heet ut mahmah thu khat ana hi zing hi (Johan 4:19-20).

Judate'n Biahinn umna mun Jerusalem a sillat a piah laiun, Samarimite'n Gerizim Taang ah sillatte a laan uhi. Hikhu jiah chu Solomon tapa Rehoboam vaihawm sung Israelte nih a kikhen laiva, mallam Israel in mite'n Jerusalem Biahinn a zot theihlouhna diingun lampi ah a daalna diinguna mun sang khat a bawl uhi. Numeinu'n hikh a heet jiahin, biahna mun dihtah heet a ut hi.

Israel mite a diingin, biahna mun in umzia poimohtah a nei hi. Pathian chu Biahinn a um ahihjiahin, a koihtuam va huleh hikhu chu leilung laizangpen hi in a gingta uhi. Ahihvangin, mikhat in bangtobang lungtang toh Pathian biahna nei ahiai chih biahna mun ahihlouhleh umna sangin a poimohzaw a, Jesu chu Amah leh Amah Messiah a, A kilaah kawm in biahna toh kisai heetna zong suhthah ngai ahihdan A hesah hi.

"Hagau leh thutah a biahna" kichi bang ahiai? "Hagau a biahna" chu Hagau Siangthou a thopna leh dimna a Bible Bu 66 a Pathian thu an a bawl a, hleh eimah a teeng Hagau Siangthou toh kithuah a i lungtang thuuhpen apat a biahna ahi. "Thutah a biahna" chu Pathian heetna dihtah toh biahna, huleh nuamna, kipaahna, haamteina, phatna, natoh, leh sillatna toh Amah kawma pia a, i sapum, lungtang, tupna, leh chihtahna toh biahna ahi.

Pathian in i biahna a pom diing leh pom louh diing chu a polam a kilatdan ahihlouhleh i sillat letdan a kinga ahi sih a, hizongleh i mimal dinmun apat a Amah kawma i piah uh ngaihkhawhna chiangchiang ahizaw hi. Pathian in a lungtang thuuhpen vapat a Amah bia a huleh phatuamngai Amah kawma petute kipaahtahin A pom a huleh a lungtang deihzawng uh A dawng hi. Ahihvangin, ngaihtuahna bei leh mite'n amahuh bang a chi ngaih de aw chih chauh ngaihtuah mite apat biahna A pomsah sih hi.

3. Pathian Pom Biahna Piahna

Thuhun Thah hun Daan zousiah Jesu Khrist jala suhbuching ahih huna umte'n, Pathian chu a bukimzaw a i biah diing uh ahi. Hikhu jiah chu lungsiatna chu Jesu Khrist lungsiatna a Daan subuchingtu in eite ahung piah thupiah loupipen ahi. Biahna chu huchiin Pathian i lungsiatna uh soidohna ahi. Mi khenkhatte'n a muuh utoh Pathian a lungsiatna uh a phuangdoh va hizongleh Amah a biahdan vapat in, a lungtang thuuhtah un Pathian a lungsiat tahtah uleh tahtah louh chu khatveivei a ginmohhuai sim hi.

Mikhat i tung va mi ahihlouhleh upazaw toh kimu diing i hih uleh, i puansilhte, lungput, leh lungtang i susiangthou diing uhi. Silpiah pe diing bang hi ulei, pilvangtahin demna diing um keeilou khat i piah sawm diing uhi. Tuin, Pathian chu vaannuai a silbangkim Siamtu ahi a huleh A silsiamte apat paahtawina leh phatna tangtaah ahi. Hagau leh thutah a Pathian be diing i hih uleh, Amah maiah zahna bei keei in i um thei sih uhi. Zahna bei a umkha i hih uleh hihlouh i kinung et va huleh i sapum, lungtang, lungtup, leh deihsahna tengteng toh biahna kikhopna a i pan ngeingei diing uh ahi.

1) Kikhopna ah i vaigei thei sih uh.

Biahna chu muhtheihlouh Pathian hagaulam thuneihna phawhna kikhopna ahihjiahin, Amah in ana bawldohsa daan leh kithuhilhna i juih zoh chiang chauhun i lungtang vapat in Amah i phawh uh ahi diing hi. Hujiahin, bang jiah hita zongleh kikhopna ah i zekai thei sih uhi.

Kikhopna hun chu Pathian kawma piah diinga i kichiam uh hun ahihjiahin, kikhopna hun masanga i tun diing va, haamteina a i kilatkhia va, huleh i lungtang utoh kikhopna diinga i kisingsah diing uh ahi. Kumpi khat, president khat, ahihlouhleh prime minister khat toh kimu diing hilei, i tung baih un huleh i lungtang kisakholsa in i ngaah ngeingei diing uhi. Huchi ahihleh, tehguallouh a thupizaw leh zahumzaw Pathian toh kimu diing i hih chiangun i vaigei un ahihlouhleh kinohtahin i um dih viai?

2) Thusoi hoihtahin i ngaikhe diing uh ahi.

Belaampu (pastor) khat chu Pathian thaunuh natongtu ahi; amah chu Thuhun Lui hun a siampu kithumun khat ahi. Belaampu maitaam siangthou apat Thu puangdoh diinga namdet chu Vaangam a belaamhon puiluut diing makai khat ahi. Hujiahin, Pathian in zahna bei a gamtatna ahihlouhleh belaampu khat tunga thumanlouhna chu Pathian Ngei tunga zahlouhna ahihlouhleh thumanlouhna in A ngai hi.

Pawtdohbu 16:8 ah Israel mipite Mosi kalh leh dou a, a phunchia chiangun, Pathian Ngei kalh a natong ahi uh chih i mu uhi. 1 Samuel 8:4-9 ah, mite'n Zawlnei Samuel thu a manlouh chiangun, Pathian in Amah tunga thumanlouhna in A ngai hi. Huchiin, na kawma tou khat toh na kihou a ahihlouhleh belaampu in Pathian luang a thu a soi laia na lungsim ngaihtuahna dang in a luah leh, Pathian maia zahna bei na hi.

Kikhop laia lusuh ahihlouhleh ihmut zong zahna beina ahi. Presidentpa'n kikhopna a neihpih laia a secretary ahihlouhleh minister khat ihmu taleh bangchituha kilawmlou ahi diai? Huchi mahbangin, biahinn I Lalpa uh sapum a lusuh ahihlouhleh ihmut chu Pathian, belaampu, huleh ginna a sanggampa leh sanggamnute maia zahna bei a umna ahi.

Hagau pawhkeeh toh biahna neih zong pom theihlouh ahi. Pathian in lungkhamna laha kipaahna leh nuamna tellou a Amah biahna neih A pom sih diing. Hujiahin, Vaangam kinepna apat hung luangkhia thusoi lunglutna toh, huleh hutdamna leh lungsiatna khotuahna diinga lungtang kipaah toh biahna kikhopna a i tel diing uh ahi. Pathian kawma haamteina nei mikhat khoihkha ahihlouhleh houpih chu zahlouhna natoh ahi. Na lawmte leh na tunga mite toh kihou lai na bohtansah louh diing bangin, mikhat Pathian toh kihou lai bohtansah chu zahlouhna ahi.

3) Zu leh dummuam biahna kikhopna masanga bawl louh diing ahi. Pathian in ginna haatlouhna apat a hung umdoh gingtu thah zudawn ngolh theihlouh leh nahzial teep ngolh theihlouh chu sual in a koih sih diing hi. Ahihvangin, mikhat baptisma tanga huleh kouhtuam a dinmun nei theita khat in zu a dawn a huleh nahzial a teep touh jel leh, hikhu chu Pathian maia zahlouhna natoh ahi.

Gingloutute nasan in zong zukham a ahihlouhleh nahzial teep zou a biahinn kai chu kilawmlou ahihlouhleh dihlou in a koih uhi. Mikhat buaina tamtahte leh sualnate zudawn leh nahzial teep apat hung kipan ahi chia a ngaih leh, Pathian ta khat ahihna dawl a um diingdan thutah jalin a hesiam thei diing hi.

Nahzial teep in cancer chi tuamtuam a tungsah thei a huleh sapum a diing siatna tungsah hi, zudawn, zu hung khamsah thei, chu umdan leh haamdan kilawmlou a tungsah thei hi. Bangchidanin gingtu khat nahzial teep ahihlouhleh zudawn khat, huleh A umdan in Amah mualphousah khat chu Pathian ta etton taah hung hi thei diai? Hujiahin, ginna dihtah na neih leh, hutobang umdan lui kintaha na paih diing ahi. Ginna a kipan tuung hizong lechin, hinkhua lui umdan paihmang veh tupna na neih chu Pathian mai a sil kilawm ahi.

4) Biahna kikhopna huihkhua chu paipelh ahihlouhleh suhmolh diing ahi sih.

Biahna mun chu mun siang biahna, haamteina, leh Pathian phatna mmun diinga kikoihtuam ahi. Nulepate'n tate a kahsah va, thawm a neihsah va, huleh a vial taisah lehleh uleh, naupang in kouhtuam a membar dangte sil hoihtaha a zaah diinguh a daal diing hi. Hikhu chu Pathian zahlouhna natoh ahi.

Biahinn sunga heh ahihlouhleh lungthah ahihlouhleh mikhat natoh soi ahihlouhleh a polam kisuhlimna chu zahlouhna ahi. Siangngiat hai, ngaihpipi na kawma te toh kihou, ahihlouhleh kikhop laia biahinn apat dingdoh a pawtkhia chu zahna tahsapna latsahna ahi. Lukhuh khuh, T.Shirt silh, puannaah lum silh, ahihlouhleh slipper toh biahna kikhopna a kihel chu umdan kilawmlou ahi. A polam kilatna a poimoh sih hi, hizongleh mikhat a polam kilatdan in a sunglam a, a lungput leh a lungtang a langsah hi. Mikhat in kikhop diinga a kisahdan chu a kicheidan leh a polam kilatdan in taahlang hi.

Pathian heetna dihtah leh A lunggulh bang ahiai chih heetsiamna in Pathian pom diing hagaulam biahna kikhopna latna neih diing ahung phalsah hi. Pathian in A lungkimpihdan a Amah i biah uleh – Amah hagau leh thutah a i biah chiangun – Ama'n heetsiamna silbawltheihna ahung pe diinga huchiin huh heetsiamna chu i lungtang thuuhtaha a kiphumluut diinga, gah suang in, huleh Ama'n ahung piah khotuahna leh gualzawlna limdangtah i tang diing uhi.

4. Hagau leh Thutah Biahna Toh Kichiamteh Hinkhua

Hagau leh thutah a Pathian i biah chiangun, i hinkhua uh suhthah in a um hi. Pathian in michih hinkhua a pumpi a hagau leh thutah a biahna a chiamteh hi diingin A deih hi. Bangchiin

Ama'n kipaahtaha a saan theih diing hagaulam biahna kikhopna Pathian kawma laan thei diingin eimah leh eimah natong in i um thei diai?

1) I kipaah gige diing uh ahi.

Kipaahna dihtah kipaahna diing jiaha hung tung ahi sih a hizongleh sil natah leh hahsa i tuaah chiang nasan in zong i kipaah uhi. Jesu Khrist, i Hundampa va i pom uh, Amah ngei chu i kipaah gigena diing uh jiah ahi ajiahchu Ama'n i haamsiatna tengteng A puaah hi.

Siatna lampi a i pai chiangun, A sisan jalin sualna apat in ahung hundoh hi. I zawnna leh natnate Amah tungah A la a, huleh kaantu giitlouhna mittui, natna, dahna, huleh sihna A suut hi. Hubanah, Ama'n sihna thuneihna A susia a huleh A thoukiitta a, huchiin thohkiitna kinepna ahung pia a huleh hinna dihtah leh Vaangam kilawm nei diingin ahung phalsah hi.

Ginna jala Jesu Khrist chu i kipaahna bul va i nei uleh, huchiin bangmah dang eimah a diingin a um sih a hizongleh kipaah diing ahi mai hi. Sihnung hinkhua a kinepna kilawmtah i neih diing jiahun huleh kumtuang kipaahna piah a i um diing uh jiahin, an neeh diing nei louin huleh innsung buaina in hung kaan zongleh, gimthuahna leh sawina in hung tuam zongleh, hite chu ei a diingin a dongkholh sih diing hi. I lungtang Pathian lungsiatna a dim a lawng louh a huleh Vaangam kinepna i neih sungteng, kipaahna a dai sih diing hi. Hujiahin i lungtang Pathian khotuahna leh Vaangam kinepna toh a dim chiangin, bangchilaipouhin kipaahna a kikhohdoh a, huleh huchiin hahsatna chu gualzawlna a suah kinzaw hi.

2) Tawploua i haamtei diing uh ahi.

"Tawploua haamtei" ah poimohna thum a um hi. Khatna, hikhu chu haamtei zongsatna ahi. Jesu nasan in A nasep hun sungteng in "Amah chiindan" dungjuia A haamtei theihna diingin munsip A hawl hi. Daniel chu niteng in nikhat in thumvei a haamtei a huleh Peter leh nungjui dangte'n zong haamteina diing hun a septuam uhi. I haamteina hun i suhdim theihna diing uleh Hagau Siangthau thautui a kiamlouhna diingin haamtei i zongsat diing uh ahi. Huchiangleh chauhin biahna kikhopna sungin Pathian Thu i hesiam thei diing va huleh Thu dungjuia hin zohna haatna i tang thei hi.

Hubanah, "tawplouin haamteiin" kichi chu khatveivei a sehsa leh zongsatsa hilou a haamtei ahi. Khatveivei Hagau Siangthou in i chiin zongsat haamteina hun polam ah haamtei diingin ahung sawl teitei hi. Mite kiphuanna apat in hutobang hunte a haamteina thu a man chiangun hahsatna a pelhdan uh ahihlouhleh tuahsiatna apat a hutdam ahihdan uh zaah in a um hi.

A tawpna ah, "tawploua haamtei" kichi chu suun leh zaan a Pathian Thu ngaihtuah chihna ahi. Khoi ah, koi kawmah um in, ahihlouhleh mikhat in bang bawlta zongleh, a lungtanga thutah chu a hin a huleh a na thanuamtaha a toh diing ahi.

Haamteina chu i hagau a diing huhaihna ahi. Tahsa chu tahsalam naahna ahung khawl chiang a sih bangin, haamteina tawpna in hagau bahna leh a tawpa sihna ahung tut diing hi.Mi khat chu hun biih nei a, a haamtei chauh hilou a hizongleh suun leh zaan a Thu a ngaihtuah a, huleh hukhu toh a hin chiangin amah chu "tawploua haamtei" a kichi thei hi. Pathian Thu in a lungtang a teenchilh chiangin huleh ama'n a hinkhua chu Hagau Siangthou toh kipolhna a, a zat chiangin, a hinkhua a lamchinteng ah a khangtou diinga huleh Hagau Siangthou in chiangtahin leh kinaihtahin A pui diing hi.

Bible in "A lalgam leh A dihtatna hawl masa in" chia ahung hilh bangin, Pathian lalgam – A silphatuam bawlsah leh hagau hutdamna – diinga, eimah a diing sanga, i haamtei chiangun Pathian in a tamzosem in ahung gualzawl hi. Ahihvangin, hahsatna a phutkha chiang va ahihlouhleh silkhat tasam a, a kingaih chiang va haamtei a um uhi, hizongleh a lungmuan chiangun haamteina a khawlsan uhi. Khenkhat Hagau Siangthou a, a dim chiang va kuhkaltaha haamtei a hizongleh a dimna a mansuah chiang va a haamteina uh khawl a um uhi.

Bangteng hizongleh, i lungtang uh kaihkhawm gige va huleh Amah kipaahpih haamteina gimnamtui chu Pathian kawma i doptouh diing uh ahi. Utlou sasa a thusoidoh a huleh lusuh leh ngaihtuahna dihloute koihdoh sawm kawma haamteina hun suhbuchin sawm hamhamna chu bangchituha gentheihhuai leh hahsa ahiai? Hujiahin, gingtu khat ginna a bangtanahakhat tung a kikoih a ahihvanga hutobang hahsatna nei a huleh Pathian toh kihou gimhuai sa ahihleh, Pathian a "lungsiatna" kiphuanna chu sil awmlou ahi sih diaimah? 'Ka haamteina chu a thanuam zou sih a huleh a khing ahi' chia na ngaihtuah leh, bangchituha ana nuam a kipaah na hiai chih kivelchian in.

Mikhat lungtang nuamna leh kipaahna toh a kidim zing a ahihleh, haamteina chu Hagau Siangthou a dimna ahi diinga huleh a khing sih diing a hizongleh a thuuhzaw ah a kiphuumluut diing hi. Mikhat in haamtei theihlouhna nei bangin a kingai sih diing hi. Huchih naahsangin, a tunna a hahsat semsem leh, Pathian khotuahna, khawhzaw sem a Pathian kou diinga nohtu, diinga a dangtaah sem leh, a ginna a

banban in ahung khang diing hi.
Tawplou a i lungtang thuuhtah vapat haamteina i neih chiangun, haamteina gah tampi i suang diing uhi. I lampi a ze-etna khat pouhpouh hung um diingte um mahleh, haamteina diing hun i sepkhe diing uhi. Huleh, haamteina i neihna chiangchiang vah, hagaulam a ginna leh lungsiatna thuuhtah ahung khang diinga, huleh midangte toh zong khotuahna i zangkhawm diing uhi. Hujiahin, nuamna leh kipaahna toh tawploua i haamtei uh chu a loutheilou ahi huchiin hagau leh tahsa a gah kilawmtah bangin Pathian apat dawnna i mu diing uhi.

3) Silbangkim ah kipaahthu i soi diing uhi.
Kipaahna diing jiah bang na nei ei? Sildang teng sangin eite, si diinga haitan piahsate chu, hutdamsa leh Vaangam luut thei i hi chih thudih a um hi. Hubanah, gimthuahna leh ze-etna khatpouhpouh um zongleh i kipaah thei uhi ajiahchu Pathian bangkim bawltheipa ah i gingta uhi.

Pathian in i umna mun leh dinmun chichin teng A he a, huleh i haamteina zousiah A za hi. Ze-etna chinteng laha a tawp tandong i muan chiangin, huh ze-etnate mah tungtawn in kilawmzaw sem a hung pawtdoh diingin ahung mapui diing hi.

I Lalpa mina gimthuahsaha i um chiangun ahihlouhleh i bawlkhelhna ahihlouhleh chitlouhna jiaha ze-etna i tuaah chiang nasan un, Pathian a dihtaha i kingah leh, i bawl theih uh umsun chu kipaahthu soi ahi chih i hung mudoh diing uhi. Tasam ahihlouhleh bukimlou a i um chiangun, Pathian ahung suhaattu leh a bahte subukimtu silbawltheihna jalin i kipaah sem diing uhi. I dinmun i tuaahpen suhveng leh thuaah ahung hahsat semsem chiang nasan in, Pathian a i ginna jiahun kipaahthu i soi thei diing uhi. A tawp tandong ginna jala kipaahthu i hung soi theih chiangun, sil bangkim chu tawpna ah a hoihna diingin ahung kisemkhawm diinga huleh gualzawlna in ahung kiheng diing hi.

Kipaang zingzing, tawploua haamtei, huleh silbangkima kipaahthu soi chu ginna a i hinna uh tungtawn a hagau leh tahsa a gah bangzah suang i hiviai chih tehna pathap ah a um hi. A dinmun ngaihsahlou a kipaahna diing hawl semsem a, kipaahna chi tuh a, huleh a kipaahna diing jiah hawla a lungtang thuuhtah apat a kipaahthu soi a sawm semsem leh, haatna leh dawnna thupizaw chu a gah in a aat diing hi.

Hujiahin, Ama'n A deih kipaah zingzingna, tawploua haamtei, huleh kipaahthu soina hinkhua tungtawna A kipaahpih mahmah toh hagaulam biahna kikhopna nitenga Pathian kawma i latna uh tungtawn in (1 Thessalonikate 5:16), hagau leh tahsa a gah thupi leh kiningching na hung suang uh ka kinem hi.

Bung 2

Siampubu A Kigial Bang Thuhun Lui Sillatte

"Huleh Lalpa'n Mosi a kou a, mipungkhawmte biahbuuh apatin a kawmah thu asoi a, Israel tate kawmah thu soi inla, a kawmvah, Na lahva mi koipouhin Lalpa kawma sillat diing ahung tawia ahihleh, gan bang, bawnghon bang leh, belaamhon lah bang apat na lat diing uh ahi."

(Siampubu 1:1-2)

1. Siampubu Poimohna

Thuhun Thah a Thupuandoh leh Thuhun Lui a Siampubu chu Bible bu sunga heetsiam hahsapente laha tel ahi a kichi jel hi. Hukhu jiahin, Bible a kisim chiangin mi khenkhat huh munte a nuse jel va huleh midang khenkhatte'n Thuhun Lui huna kithoihna daante tuni in eite a diingin a kituaah nawn sih chiin a ngaihtuah uhi. Ahihvangin, hute kituaah nawn lou ahihleh, Pathian huh bute Bible a gelhluutna diing thu a um sih hi. Thuhun Thah leh Thuhun Lui thu chinteng Khrist a i hinna diing va poimoh veh ahihjiahin, Pathian Bible a kigelh diing A phalsah hi (Matthai 5:17-19).

Thuhun Lui a kithoihna daante chu Thuhun Thah hun a paihmang diing ahi sih hi. Hikhu Daan tengteng gelh ahih mahbangin, Thuhun Lui a kithoihna daante zong Thuhun Thah hunah Jesu'n A subuching hi. Thuhun Lui a kithoihna toh kisai a daante umzia in a kawh chu tulai a Pathian biahinn biahna kalbi chinteng ah a kiphum hi huleh Thuhun Lui huna kithoihnate chu tuni a biahna kikhopna a kibawlte toh a kibang hi. Thuhun Lui a kithoihna daante leh a poimohna uh dihtaha i hung heetsiam chiangun, Amah bangchi biah a natohsah diing dihtaha heetsiamna jala Pathian i muhna diing uleh Amah i tuaahkhaahna diinguh gualzawlna lampi naizaw i jui thei diing uhi.

Siampubu chu Pathian Thu halkhat tuni a Amah a gingta zousiah kawma kizang thei ahi. Hikhu jiah chu, 1 Peter 2:5 a i muh bangin, "Nanguh zong suang hingte bangin, Jesu Khrist jiaha Pathian deihjawng hagaulam kithoihna laan diinga siampu siangthou leh hagaulam inn a lamtouh na hi uhi," Jesu Khrist tungtawn a hutdamna tangte Pathian maiah a chiah thei diing uhi, Thuhun Lui a siampute'n ana bawl bangin.

Siampubu chu a taangpi in seh nih in a kikhen thei hi. A khen masapen in a taangpi in i sualnate bangchi kingaihdam ahiai chih a kap deuh hi. Hikhu ah sualnate ngaihdamna diing kithoihna daan a tuunkha hi. Hikhu in zong Pathian leh mihing kikal a kithoihna mohpotu siampu chitnate leh mohpuaahnate a soichian hi. A khen nihna in Pathian teelte, A mi sianthoute'n a bawl louh keei diinguh sualnate bukimtahin a soi hi. A kigawm in, gingtu chinteng in Siampubu a kimu Pathian deihzawng, Pathian toh kizopna siangthou a neih uh bangchi kepbit diing chih uang soitu a zil veh diing uh ahi.

Siampubu a kithoihna daante in bangchidan lampi zanga be diing i hiviai chih ahung hilhchian hi. Biahna kikhopna tungtawn a Pathian i muh va huleh A dawnnate leh gualzawlna i sang uh mahbangin, Thuhun Lui huna mite'n sualnate ngaihdamna a muh va huleh kithoihna tungtawna Pathian a muh uh mahbangin. Jesu Khrist nungin, bangteng hileh, Hagau Siangthou in eite ahung teenchilh a huleh eite chu Hagau Siangthou natohna laha hagau leh thudih a Amah bia i hih jiahun A tenna inn A suaahsah hi.

Hebraite 10:1 in hichiin ahung hilh hi, "Daanthu chu sil hoih hung um diingte liim giap ahi a, a kibatpih tah ahihlouh jiahin, hu kum china kithoihna a lat veute un ahung naihtute abukimsah jou sih hi." Sil meelnei khat a um leh huh sil meelnei in liim a nei hi. Tuni in, "sil meel nei" Jesu Khrist tungtawn a biahna i neih theihna san uh ahi huleh Thuhun Lui hun ah, mite'n kithoihna, a liim, tungtawn in a kizopna uh a kembit uhi. Pathian kawma kithoihna chu Amah deihzawng daante dungjui a piah diing ahi; Pathian mikhat amah paidan a bawltu biahna A pom sih hi. Siamchiilbu 4 ah, Pathian in Pathian deihzawng jui A bel kithoihna A pom laiin, Kaina amah deihdan a kithoihna daan siamtu kithoihna bangmah in A ngaihsah sih hi.

Huchi mahbangin, Pathian lungkimna biahna a um a huleh Amah daan peel a pai leh Pathian a diinga umze bei biahna a um chih i mu hi. Siampubu a kithoihna daan a kimu chu Pathian dawnnate leh gualzawlnate i muh theihna uleh Amah lungkimna biahna toh kisai hung hilhtu ahi.

2. Pathian in Kimuhna Puanbuuh apat Mosi A Kou

Siampubu 1:1 ah hichia gelh ahi, "Huleh LALPA'N Mosi a kou a, mipungkhawmte biahbuuh apatin a kawmah thu a soi a...," Kimuhna puanbuuh chu biahbuuh puaah lehleh theih gamdaai a teeng Israel mite pa kintaha gamtaangsahtu ahi a, huleh hu mun ah Pathian in Mosi A kou hi. Kimuhna puanbuuh in biahbuuh Munsiangthou leh Siangthoute laha Siangthoupen a tuunkha hi (Pawtdohbu 30:18, 30:20, 39:32, huleh 40:2). Hikhu in a kigawm in biahbuuh leh a huang kiim a silkikhaite a kawh hi (Kisimbu 4:31, 8:24).

Pawtdohna banah Canaan gam lam zuana a paina va, Israel mite'n gamdaai ah hun sawtpi a zang va huleh a kitawl zing uh a ngai hi. Hukhu jiahin biahbuuh Pathian kawma kithoihnate a latna uh mundet a lam theih ahi sih a, hizongleh biahbuuh chu baihlamtahin a suan lehleh theih hi. Hikhu jiahin, a kilamdan chu "biahbuuh biahinn" zong a kichi hi.

Pawtdohbu 35-39 ah biahbuuh kilam diingdan bukim sipsip in a kisoi hi. Pathian Ngei in Mosi biahbuuh kilam diingdan bukim leh a van kizang diing tengteng bukimtahin A pia hi. Mosi in biahbuuh bawlna diing toh vanzat poimoh diingte toh kisai mipungkhawmte ahung hilh chiangin, kipaahtahin vanzat phatuam sana, dangka, sumeng chihte; suang chi tuamtuam; van dum, sandup leh sanau, huleh puannem chihte ahung tawikhawm va; keel mul, belaamtal vun, huleh satuiluut vunte ahung tawikhawm va huchiin Mosi in hung tawi nawnlou diingin mipite a nang hial hi (Pawtdohbu 36:5-7).

Biahbuuh chu huchiin mipite'n phatuamngaitaha a thoh uh silpiahte in a kibawl hi. Israelte Aigupta nusia a, a taisia hileh kilawm a Canaan lam zuana paite a diingin, biahbuuh bawlna diing chu a sil neutham ahi sih diing hi. Inn ahihlouhleh gam zong a nei sih uhi. Loubawlna tungtawn in gou a khol thei sih uhi. Ahihvangin, Pathian, khatvei Amah a diinga tenna mun a kibawl kalsiah amahuh kawmah A teeng diing chia hilhpa thuchiam a lametna utoh, Israel mipite'n nuamna leh kipaahna toh a man zousiah a sung uhi.

Israel mite, bawlsiatna leh gimna nasatah sawtpi ana thuaahsate a diingin, a dangteng sanga silkhat a dangtaahpih mahmah uh chu saltanna apat a suahtaatna ahi. Huchi ahih dungjuiin, Aigupta apat A hutdoh nungin, Pathian in amahuh laha ten theihna diingin biahbuuh bawl diing thu A piah hi.

Israel mite'n a zekaina diinguh jiah bangmah a nei sih va, huleh biahbuuh ahung um a, Israelte thanuamtaha a kipumpiahna uh bulpi a nei in.

Biahbuuh sunglam luutna bultahah 'Biahinn' a um hi, huleh Biahinn sunglam chu 'Siangthoute laha Siangthoupen' ah a paisuaah hi. Hikhu chu mun siangthoupen ahi. Siangthoute laha Siangthoupen ah Heetpihna Bawm (Thuhun Bawm) koih in a um hi. Heetpihna Bawm, a sunga Pathian Thu umna, chu Siangthoute laha Siangthoupen a um in Pathian umpihna phawhsahtu in a pang hi. Biahinn chu Pathian inn ahihna dawla mun siangthou hiveh ahih laiin, Siangthoute laha Siangthoupen chu a tuambiih a kikoih mun leh mun zousiah laha mun siangthoupen a kingaihtuah ahi. Siampulal nasan zong kumkhat a khatvei chauh a luut diing phalsah ahi a huleh huh hun chu mipite a diinga Pathian kawma sual sillat latna hun ahi. Minautaangte chu hu sunga luut khaam ahi. Hikhu jiah chu misualte Pathian ma ah a pai thei ngei sih uhi.

Bangteng hizongleh, Jesu Khrist jalin i bawnun Pathian maia pai theihna hamphatna i nei uhi. Matthai 27:50-51 ah hichiin a kigial hi, "Jesu chu aw ngaihtahin a kikou kiita, a hagau ahahta hi. Huleh ngaiin, Pathian biahinn puanzaah chu a tunglam apatin a nuailam tanin keeh nih ahung kisuaha; huleh ziil ahung liinga, suangpite ahung pawhkeeha." Jesu chu Amah leh Amah sual apat eite ahung hutdohna dinga kross tungtawna sihna jala ahung kipiahdoh chiangin, Siangthoute laha Siangthoupen leh eite hung khentu puan kikhai chu ahung kiphelsuah hi.

Hikhu tungtaang ah Hebraite 10:19-20 in hichiin a soisau

hi, "Hujiahin unaute, Jesu sisan jiaha mun siangthoupena luut ngamna neiin eiuh diinga ahung bawlsah lam thah le hing ah puanzaah (huchu a sapum chihna ahi," Huchiin puanzaah chu Jesu'n A sapum sihna a ahung piahdoh dungjuia hung keeh in Pathian leh eite kikal a sualna baang a chimta chih a kawh hi. Tuin, Jesu Khrist a gingta koipouh in sual ngaihdamna a tang thei in huleh Pathian Siangthou mai lama a pai lampi ah a luut hi. Hun paisa a siampute chauh a luut theih laiun, tuin Amah toh tangtaha kizopna leh kinaihtaha kizopna i nei theita uhi.

3. Kimuhna Puanbuuh Hagaulam Poimohna

Tuni hun in eite a diingin kimuhna puanbuuh in bang poimohna a nei ei? Kimuhna puanbuuh chu biahinn tuni a gingtute biahna mun ahi, Biahbuuh chu Lalpa pom gingtute sapum ahi a, huleh Siangthoute laha Siangthoupen chu Hagau Siangthou tenna i lungtang ahi. 1 Korinthete 6:19 in hichiin ahung hilh hi, "Ahihleh, na sapum u'chu, na sungva um, Pathiana kuana na muh uh, Hagau Siangthou inn ahi a, nanguh-a zong na hi sih uh chih na he sih viai mah?" Jesu chu Hundampa i pom zoh chiangin Hagau Siangthou chu Pathian apat silpiah bangin ahung piah hi. Hagau Siangthou eimah a um ahihjiahin, i lungtang leh sapum chu biahinn siangthou ahi.

1 Korinthete 3:16-17 ah zong hichiin i mu hi, "Pathian inn na hiva, huleh na sungvah Pathian Hagau ateeng chih helou na hi viai mah? Mi koipouhin Pathian inn a suhbolhhoh inchu, amah Pathian in a suse diing hi; ajiahchu Pathian inn chu a siangthou a, hu inn chu nanguh na hi uhi." Muhtheih Pathian biahinn hun

chinteng a siang leh siangthou a koih diing ahih bangin, i sapum leh lungtang chu Hagau Siangthou tenna mun ahihna dungjuia i suhsiang a huleh a siangthou diing ahi.

Pathian in koipouh Pathian biahinn susia chu a suse diing chih i sim hi. Mikhat Pathian ta khat ahih a huleh Hagau Siangthou a pom a hizongleh amah leh amah a kisuhsiat leh, Hagau Siangthou a mit diinga huleh hu mipa a diingin hutdamna a um sih diing hi. Hagau Siangthou tenna biahinn chu i gamtatnate leh lungtang toh i suhsiangthou va ahihleh hutdamna bukim i tung diing va huleh Pathian kizopna tangtah leh kinaitah i nei thei uhi.

Hujiahin, Pathian in Mosi kimuhna puanbuuh apat A kou kichi in Hagau Siangthou in i sunglam vapat in ahung kou a, huleh eite toh kipolh a ut hi. Hagau Siangthou tungtawn in a haamtei diing huleh Pathian toh kizopna hoihtah toh hagau leh thutah a, a biah diing uh ahi.

Thuhun Lui a huna mite'n a sualna jiahun Pathian Siangthou toh kizopna hoihtah a nei thei sih uhi. Siampulal chauh puanbuuh suanga Siangthoute laha Siangthoupen ah a luut thei a, huleh mite luangin Pathian kawmah kilatna a pe thei hi. Tuni in, Pathian ta khat pouhpouh chu be diing, haamtei diing, huleh Pathian toh kipawl diingin Biahinn ah a luut thei hi. Hikhu jiah chu Jesu Khrist in sual chinteng lah apat in ahung hundoh hi.

Jesu Khrist i pom chiangun, Hagau Siangthou i lungtang va teeng in huleh Siangthoute laha Siangthoupen in a kingai hi. Hubanah, Pathian in Mosi kimuhna puanbuuh apat A kouh bangin, Hagau Siangthou in eite toh kipawl a lunggulh jiahin diingin i lungtang thuuhtah apat in ahung kou hi. Hagau Siangthou aw za diinga hung phalsah in huleh A mapuina tang diingin, Hagau Siangthou in thudih a hing diingin ahung pui a huleh Pathian ahung hesiam sah hi. Hagau Siangthou aw i zaahna diingun i lungtang va sual leh gilou i paihmang diing va huleh i hung siangthou diing hi. Khatvei siangthouna i hung tohdoh kalsiah uh, Hagau Siangthou aw mawltahin i hung za thei diing va huleh gualzawlna chu hagau leh tahsa ah a kidaih diing hi.

4. Kimuhna Puanbuuh Lim leh Meel

Kimuhna puanbuuh lim leh meel chu a mawl mahmah hi. Mikhat kotpi, a vaihawm meter kua vel (tong 29.5 vel) a lian biahbuuh suahlam a, a luut a ngai hi. Biahbuuh huangsung a, a luut toh kiton in, mikhat Halmang Sillatna Maitaam sumeng a kibawl peel a ahung pai a ngai hi. Hih maitaam leh Biahinn kikal ah kuangpi a um hi, hikhu galah Biahinn a um a huleh huchiin Siangthoute laha Siangthou kimuhna puanbuuh lailungpen a um hi.

Biahbuuh kimkot Biahinn leh Siangthoute laha Siangthoupen huam a um chu meter li leh a kim (tong 14.7 vel) a lian, meter 13.5 (tong 44.3 vel) a sau, huleh meter li leh a kim (tong 14.7 vel) a sang ahi. Biahinn chu a bul dangka a kibawl tunga ding, a baang a sana tui kiluankhum acacia sing khuam pang, huleh a tungkhuh chu puanzaah thuah li a kituam ahi. A thuah khatna ah cherubim jem a kigaan a; a nihna chu keel mul a kibawl ahi a, a thumna chu belaamtal vun a kibawl ahi; huleh a

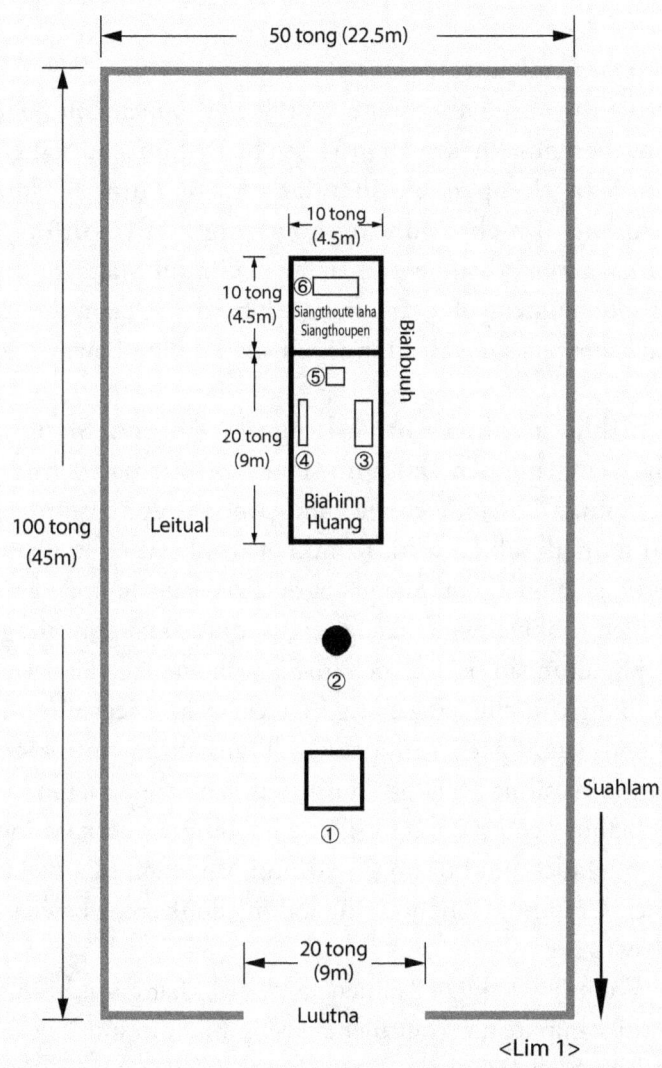

Kimuhna Puanbuuh Kilepdan

Adung Avai
Leitual: 100 x 50 x 5 tong
Luutna: 20 x 5 tong
Biahbuuh: 30 x 10 x 10 tong
Biahinn Huang: 20 x 10 x 10 tong
Siangthoute laha Siangthoupen:
10 x 10 x 10 tong
(* 1 tong = 17.7 be lahvel)

Um leh Beel
1) Halmang Sillat Maitaam
2) Kuang
3) Umpihna Tanghou Koihna Dohkaan
4) Sana Siang a Kibawl Thaumei Tunna
5) Silgimtui Maitaam
6) Heetpihna Bawm (Thuhun Bawm)

lina chu satuiluut vun a kibawl ahi.
Biahinn leh Siangthoute laha Siangthoupen chu puanzaah khat cherubim lim kigaan in a khen hi. Biahinn chu Siangthoute laha Siangthoupen lehnih a liana hi. Biahinn ah Umpihna Tanghou (huleh Vuuhtanghou zong kichi) koihna diing dohkaan khat, thaumei tunna, huleh Gimtui Maitaam a um hi. Hi silte tengteng chu sana siang a kibawl ahi. Siangthoute laha Siangthoupen sung Heetpihna Bawm (Thuhun Bawm) a um hi.

Hikhu a zohna i bawl diing uh. Khatna, Siangthoute laha Siangthoupen chu mun siangthou Pathian umna huleh Heetpihna Bawm, a tunga zahngaihna touphah umna, zong hih mun ah a kikoih hi. Kumkhat in khatvei Thuphatawina Ni in, siampulal chu Siangthoute laha Siangthoupen ah a luut a huleh thuphatawina bawl diingin mipite luangin zahngaihna touphah tungah sisan a theh hi. Siangthoute laha Siangthoupen a silbangkim chu sana siang in a kijem hi. Heetpihna Bawm sungah suangpeeh nih a tunga Thupiah Sawmte kigelhna, manna kikoihna beel khat, huleh Aaron chiang sel a um hi.

Biahinn chu siampu in sillatte pe diinga a luutna diing mun a um a huleh hukhu sungah Gimtui Maitaam, thaumei tunna, huleh Umpihna Tanghou tunna diing dohkaan, a bawna sana a kibawl a um hi.

Thumna ah, kuang sumeng a kibawl khat a um hi. A thuah in tui siampute'n a khut uleh a keeng Biahinn luut ma va ahiai ahihlouhleh siampulal Siangthoute laha Siangthoupen a, a luutma a, a silna diing a um hi.

Lina, Halmang Sillat Maitaam chu sumeng a kibawl ahi

Lim

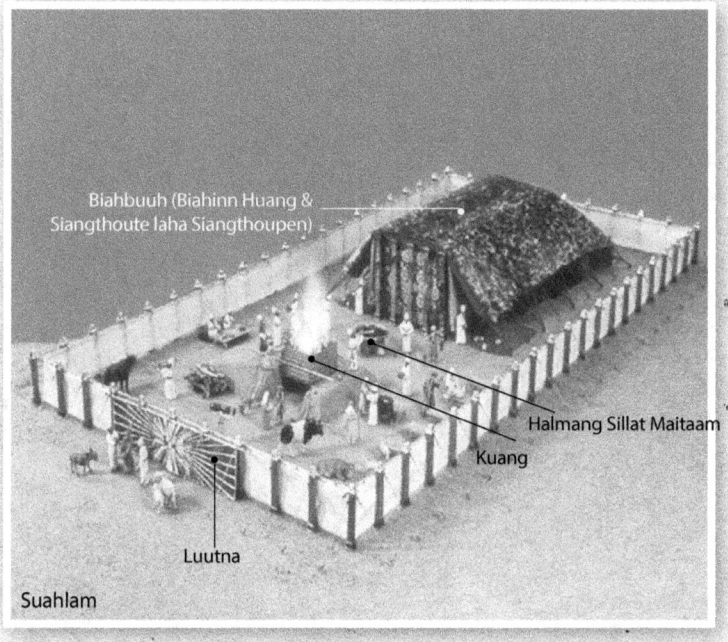

<Lim 2>

Kimuhna Puanbuuh Gal Etna Muhdan

Leitual ah halmang sillat maitaam (Pawtdohbu 30:28), kuang (Pawtdohbu 30:18), huleh Biahbuuh (Pawtdohbu 26:1, 36:8), a um a huleh leitual tungah puannem kiheehtuah a kikhai hi. Biahbuuh suahlam ah luutna khat chauh a um hi (Pawtdohbu 27:13-16), huleh hikhu in Jesu Khrist, hutdamna kotkhaah um sun, a ensah hi.

Lim

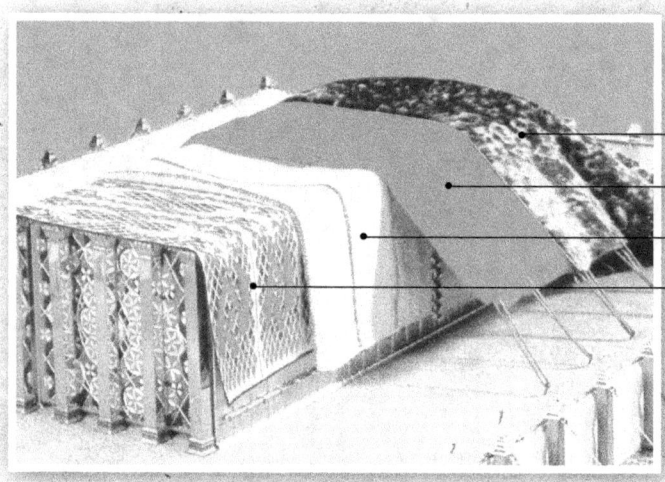

Satuiluut Vu...
Belaamtal Vu...
Keel Mul a kib...
Puanzaah Kikh...
Cherubim a
Kicheimawi
Puanzaahte

<Lim 3>

Biahbuuh Khuhnate

Biahbuuh tung chu thuahli in a kikhuhkhum hi.

A nuainung pen ah cherubim in a kicheimawi a; a tungah keel mul puanzaah a um a; hu tungah belaamtal vun a um a; huleh a tungnungpen ah satuiluut vun a um hi. Lim 3 a, a khuhnate chu a dan teng kimuhtheihna diinga kilatsah ahi. A tungkhuh kilakhia toh, Biahinn maiah Biahinn a diinga kikhaite a kimuthei a, huleh a nungah, silgimtui maitaam huleh Siangthoute laha Siangthoupen diinga kikhai a kimuthei hi.

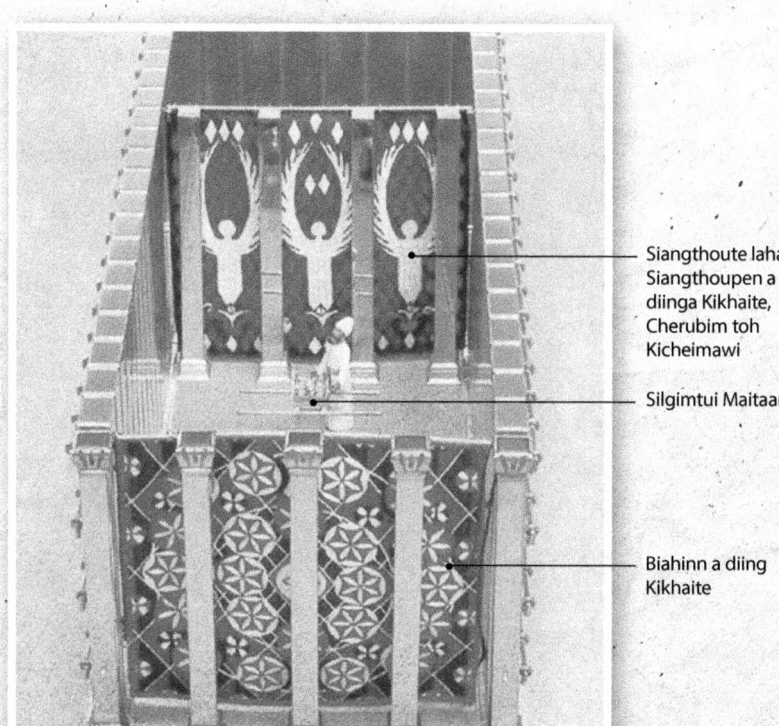

<Lim 4>

Biahinn A Khuhnate Hawhkhia

Biahinn diinga kikhaite a malam ah a um a, huleh a nunglam a kimutheite chu silgimtui maitaam leh Siangthoute laha Siangthoupen diinga kikhaite ahi.

Lim

<Lim 5>

Biahbuuh Sungnunglam

Biahinn lailung ah sana siang a kibawl thaumeitunna (Pawtdohbu 25:31), Umpihna tanghou koihna dohkaan (Pawtdohbu 25:30) a um hi huleh a nunglampang ah silgimtui maitaam a um hi (Pawtdohbu 30:27).

Silgimtui Maitaam

Umpihna Tanghou Dohkaan

Thaumeitunna

<Lim 6>

<Lim 7>

<Lim 8>

Lim

<Lim 9>

Siangthoute laha Siangthoupen Sunglam

Biahinn nunglam baang chu Siangthoute laha Siangthoupen sunglam kimuhtheihna diinga laahkhiat ahi. A kimutheite chu Heetpihna Bawm, zahngaihna laltouphah, huleh a nunglam ah Siangthoute laha Siangthoupen diinga kikhaite. Kum khat in khatvei, siampulal puan kaang a kichei in Siangthoute laha Siangthoupen ah a luut a huleh sual sillat sisan a theh hi.

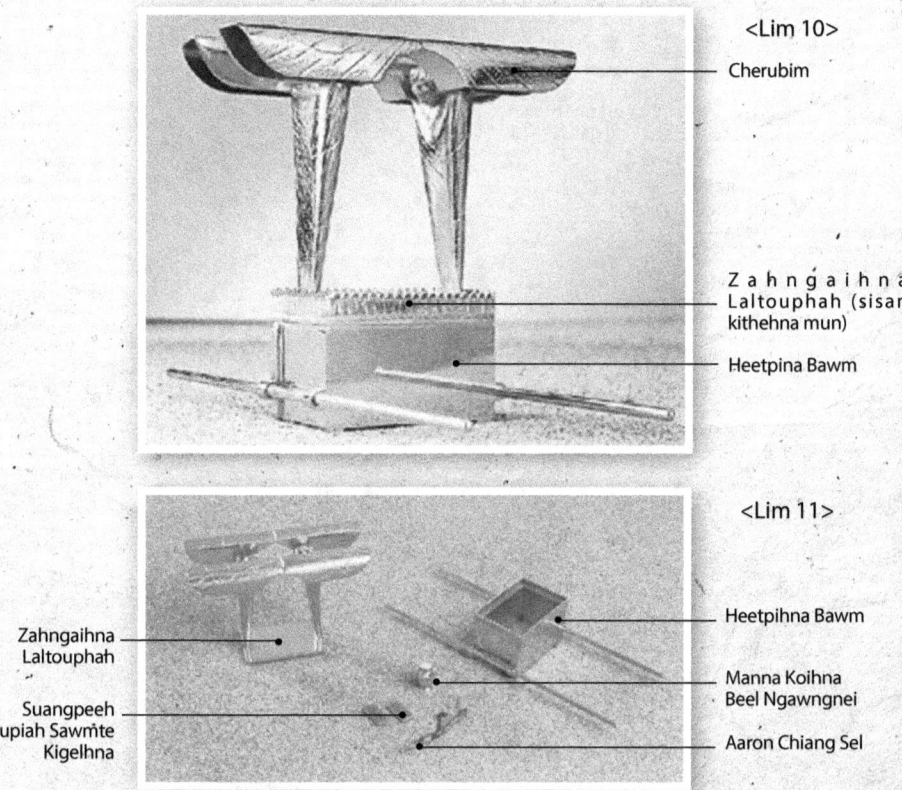

<Lim 10>
- Cherubim
- Zahngaihna Laltouphah (sisan kithehna mun)
- Heetpina Bawm

<Lim 11>
- Zahngaihna Laltouphah
- Suangpeeh Thupiah Sawmte Kigelhna
- Heetpihna Bawm
- Manna Koihna Beel Ngawngnei
- Aaron Chiang Sel

Heetpihna Bawm leh Zahngaihna Laltouphah

Siangthoute laha Siangthoupen sunglam ah Heetpihna Bawm sana siang a kibawl a um a, huleh Bawm tungah zahngaihna laltouphah a um hi. Zahngaihna laltouphah in Heetpihna Bawm khuhnate a kawh hi (Pawtdohbu 25:17-22), huleh sisan chu kum khat in khatvei a kitheih hi. Zahngaihna laltouphah ning tuaah ah cherubim a haate un zahngaihna laltouphah a khuhkhum a um hi (Pawtdohbu 25:18-20). Heetpihna Bawm sungah suangpeeh nih Thupiah Sawmte kigelhna; manna koihna beel ngawngnei; huleh Aaron chiang sel a um hi.

Lim

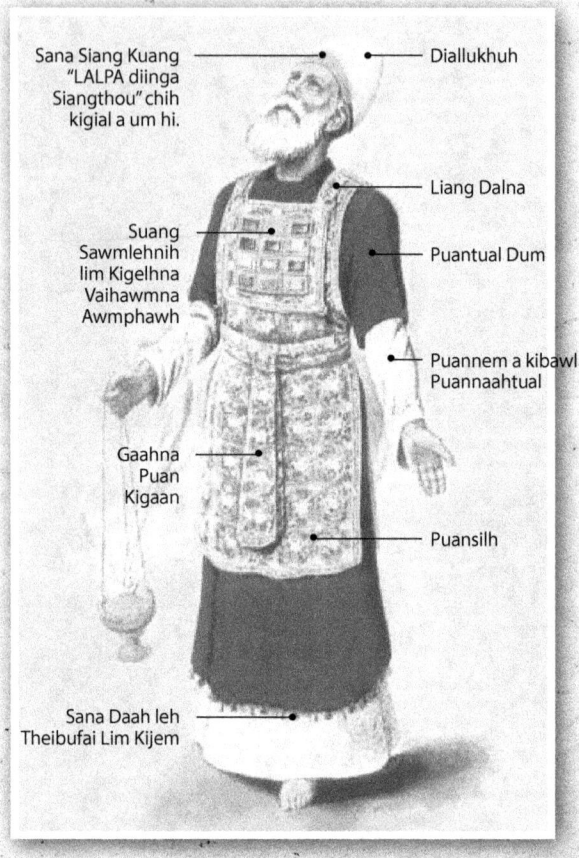

<Lim 12>

Siampulal Puansilhte

Siampulal chu Biahinn kepna mohpuahna leh kithoihna natoh enkaitu a guan ahi a, huleh kum khat in khatvei Siangthoute laha Siangthoupen ah Pathian kawma kithoihna laan diingin a luut hi. Koitobang siampulal dinmun luahtu in Urim leh Thummim a neih a poimoh hi. Hih suangtang nihte, Pathian deihzawng hawlna diinga kizangte, chu siampu in a silh siampu puan tunga awmphawh ah koih ahi. "Urim" in vaah a kawh a huleh "Thummim" in bukimna a kawh hi.

huleh mei kihal theihna diinga haat huntawh a um hi. Maitaam a meikuang chu biahbuuh kizohsiang in "LALPA mai apat in ahung pawtdoh hi" ((Siampubu 9:24). Pathian in zong maitaam a meikuang chu kuang zingzing diing, mit ngei lou a, huleh nitengin belaam kum khat a upa a kilaan zing diing chiin thu a pia hi (Pawtdohbu 29:38-43; Siampubu 6:12-13).

5. Bawngtal leh Belaamte Latna Hagaulam Poimohna

Siampubu 1:2 ah, Pathian in Mosi kawmah hichiin a hilh hi, "Israel tate kawmah thu soi inla, a kawmvah, Na lahva mi koipouhin LALPA kawma sillat diing ahung tawia ahihleh, gan bang, bawnghon bang leh, belaamhon lah bang apat na lat diing uh ahi." Biahna kikhop hunte lahah, Pathian tate'n Amah kawma sillat tuamtuam a pia uhi. Sawmakhat banah, kipaahna, silbawlna huleh jangkhaina sillatte a um uhi. Huchi ahihvangin, Pathian in mi koiahakhat in sillat ahung tawi diinga ahihleh, sillat chu "ganhon laha ahihlouhleh belaam hon laha ganhingte" ahih diing ahi. Hih chang in hagaulam poimohna a puaah jiahin, a chang in a soi khu tangtaha i bawl diing uh ahi sih, hizongleh hagaulam poimohna i heetsiam masat va huleh huchiin Pathian deihzawng dungjuia i bawl diing uh ahi.

Ganhonte ahihlouhleh belaam hon apat ganhing sillatte ah hagaulam umzia bang um ahiai? Hikhu umzia chu hagau leh thutah ah i be diing va huleh kithoihna hing leh siangthou a i kipiahdoh diing uh ahi. Hikhu chu "hagaulam biahna kikhopna" ahi (Romte 12:1). Haamteina ah kigingsa in i um diing va huleh Pathian maiah biahna kikhopna hun sung chauh hilouin, hizongleh i niteng hinkhua ah zong umdan siangthou a i um diing uh ahi. Huchiangleh i biahna uleh i sillatte tengteng chu Pathian kawma kithoihna hing leh siangthou Pathian in hagaulam biahna kikhopna banga a ngaih diingin i pe diing uhi. Pathian in bang Israel mite kawma ganhingte tengteng laha bawngtalte leh belaamte lat diinga bang diinga thu piah ahiai? Bawngtalte leh belaamte in, gantate tengteng lahah Jesu, mihing hutdamna diinga lemna kithoihna hung hi, ensahna diinga kituaahpen ahiai? 'Bawngtalte' leh Jesu kikal kibatnate i ensuh diing uhi.

1) Bawngtalte'n mihing puahgih a pua uhi.

Bawngtalte'n mihingte puahgih a pua bangin, Jesu'n i sual puahgih a pua hi. Matthai 11:28 ah hichiin A hung hilh hi, "Nanguh tonggim leh puahgih pote haw, Ka kawmah hung un, huleh tawldamna ka hung pe diing hi." Mite'n hauhsatna, zahna, heetna, minthanna, zahumna, leh thuneihna, huleh bangmah pouhmah a lunggulh theih pouhpouh uh muhna diingin pan a la va huleh theihtawp a suah uhi. A puahgih pua uh tuamtuam tungah, mihing khat in sual puahgih zong a pua a huleh ze-etna, gimthuahna, leh gawtgelna laha hinkhua a zang hi.

Tuin, Jesu'n hinkhua puahgihte leh hahsatnate chu kilaan in, thuphatawina sisan luangsah in, huleh sing kross a kikhenbeh in A pua hi. Lalpa a ginna jalin, mihing khat in a buainate leh sual puahgih a ngakhe thei a huleh muanna leh tawldamna a tang thei hi.

2) Bawngtalte'n mihingte a subuai sih va; amah a panpih uhi.

Bawngtalte'n thumanna toh mihing na a tohsah chauh hilou in, bawngnawi, sa, huleh savun zong a pia hi. A lutung apat a keengchin tan in, bawngtal a phattuamlouhna a um sih hi. Mizawngte, damloute, huleh nuutsiat a umte kawma Vaangam tanchinhoih soiin, Ama'n lungnopna leh kinepna A pia a, huleh natnate leh damlouhnate A damsah hi. Ihmu theilou ahihlouhleh ne thei lou in um mahleh, Jesu'n A hihtheih bangbangin hagau khat kawmah Pathian Thu hilhna diingin theihtawp A suah hi. A hinna laankhia leh kikilhbeh in, Jesu'n Meidiil zuan a pai misualte kawmah hutdamna lampi A honsah hi.

3) Bawngtalte'n a sa utoh mihing neeh diing a pia uhi.

Jesu'n A tahsa leh sisan mihingte A pia a huchiin mihingte hukhu apat in an a siamkhia uhi. Johan 6:53-54 ah hichiin A soi hi, "Huin Jesu'n a kawmvah, Chihtahjetin, chihtahjetin ka hung hilh ahi, Mihing Tapa tahsa na neehva, huleh a sisan na dawn louh u'leh nangu'ah hinna na nei sih uh. Koipouh ka tahsa nea, huleh ka sisan dawnin kumtuang hinna a neita; huleh ke'n amah chu ni tawpni chian ka kaithou diing hi."

Jesu chu Pathian Thu tahsa a hih khovel a hung ahi. Hujiahin, Jesu tahsa ne a huleh A sisan dawn chu Pathian thu an a zang a huleh hukhu dungjui a hing chihna ahi. Mihing ne leh dawn jala a hin theih bangin, ne in huleh Pathian Thu an a bawl in kumtuang hinna i tang thei un hleh Vaangam ah i luut thei uhi.

4) Bawngtalte lei a let va huleh lei hoih a suaahsah uhi.

Jesu'n mihing lungtang-loulai lou in A bawl hi. Matthai 13 chu tehkhinthu mihing lungtang loulai chi tuamtuam li: lampi gei; suangphom lei; lingnawng lei; huleh lei hoih loulai, toh tehkhinna bawl ahi. Jesu'n i sualnate apat in ahung hundoh a, Hagau Siangthou in i lungtang ah tenna mun ahung bawlsah a huleh haatna ahung pia hi. I lungtang chu Hagau Siangthou kithuahpihna toh lei hoih in ahung hengsah hi. Jesu, ei a diinga sualna tengteng ngaihdam diing hung phalsah, sisan a i muan va, huleh kuhkaltaha thutah i man leh, i lungtang uh chu leihoih, hauhsatna, huleh gam taah ahung suaah diinga, huleh i chituh uh a leh 30. 60, huleh 100 a aat in hagau leh tahsa a gualzawlnate i tang thei diing uhi.

A banah, belaamte leh Jesu kikal kibatnate bang ahiai?

1) Belaamte chu a zaidam uhi.

Mi zaidam ahihlouhleh nunnemte tungtaang i soi chiangun, belaamnou zaidamna toh i tehkaah veu uhi. Jesu chu mi tengteng laha zaidampen ahi. Jesu toh kisai Isai 42:3 ah hichia gelh ahi, "Sialluang gawpsa a sutan sih diinga, huleh pat khu zong aphelh sih diing: vaihawmna thutahin aladoh diing." Sualbawltute leh helna bawlte ahihlouhleh kisiih a hizongleh sual kiitkiitte nasan toh, Jesu chu a tawp tandong in A dohzou hi, a lampi vapat a ahung kileh diinguh ngaah in. Jesu chu Siamtu Pathian Tapa ahih laiin huleh mihing zousiah suhsiatna diing thuneihna a neih laiin, Amah chu eite tungah a thuaahzou a huleh A lungsiatna chu sualbawltute'n Amah a kilhbeh nung nasan in A langsah hi.

2) Belaamnou a thumang hi.

Belaamnou in a belaampu puina lamlam thumangtahin a jui a huleh a mul a kimeet chiang nasan in zong a daidide hi. 2 Korinthete 1:19 a kigial "Bangjiahin ahiai ichihleh na lahva keiuh, keimah ngeei leh, Silvana leh Timothi in a thu ka soi uh Pathian Tapa Jesu Khrist chu, ahi leh hilou, chih ahi sih a, amah ah chu ahi chih ahi jaw hi," Jesu'n Amah deihdan A chi teitei sih a hizongleh A sih tandong in thumang in A um hi. A hinkhua zousiah ah, Jesu chu Pathian teel hun ah hohna diing munte chauh ah A hoh hi, huleh Pathian in A deihte chauh a bawl hi. A tawpna ah, kross gimthuahna hung tung diing hoihtaha A heet vangin, Pa deihzawng A sepdohna diingin thumanna toh A puaah hi.

3) Belaamnou a siang hi.

Hitahah, belaamnou chu kumkhat a upa belaamnou ta koimah toh kipawl nailou ahi (Pawtdohbu 12:5). Belaamnou hi gual chu khanglai khat deihhuai leh siangthou hiuhiau toh a tehkaah theih a – ahihlouhleh Jesu dembei leh niinbaanglou toh. Belaamte'n mul, sa, huleh nawitui zong ahung pia uhi; koimah poi a khoih sih va hizongleh mite lawhna diing chauh a bawl uhi. A ma a kisoi bangin, Jesu'n A tahsa leh sisan ahung laan a, huleh Amah chu a neng a them in ahung kipedoh hi. Pa Pathian kawma thumanna bukim toh, Jesu'n Pathian deihzawng A subuching a huleh Pathian leh misualte kikal a sualna baang A susia hi. Tuni nasan in, Ama'n i lungtang A chituh zing a huchia lei siang leh hoih ahung suaah theihna diingin.

Thuhun Lui huna mihing bawngtalte leh belaamte tungtawna a sualnate apat hutdoh ahih mahbangin, Jesu chu Amah leh Amah kross a kithoihna diingin ahung kipedoh a huleh A sisan jalin kumtuang suahtaatna a tongdoh hi (Hebraite 9:12). Hih thutah a i gintaat utoh kiton in, bangchidana Jesu chu Pathian pomtaah kithoihna hung hithei a huchia Jesu Khrist lungsiatna leh khotuahna jiaha kipaah a um zing thei diinga, huleh A hinkhua juitute hung hithei i hiviai chih mawltaha i heetsiam diing uh ahi.

Bung 3

Halmang Sillat

"Siampu in LALPA a-diinga gimtuitah, meia lat haaltum kithoihna hi diingin maitaam tungah ahaaltum veh diing hi."

(Siampubu 1:9)

1. Halmang Sillat Poimohna

Halmang Sillat, Siampubu a sillat kigial tengteng laha masapen chu, sillat tengteng laha upapen ahi. "Halmang sillat" kichi umzia chu "zamtousah chihna ahi." Halmang sillat chu maitaam a kithoihna kikoih ahi a huleh mei in a kaangtum veh hi. Hikhu in mihing kithoihna, kipumpiahna, huleh phatuamngai a natoh tengteng a ensah hi. Ganta chu kithoihna banga i lat kihal apat silgimtui toh Pathian suhlungkimna ah, halmang sillat chu sillatdan laha taangpipen ahi a huleh Jesu'n i sualna A puahna leh Amah leh Amah kithoihna bukim, huchia Pathian kawma kithoihna namtui hung hi chu chiamtehna in ahung pang hi (Ephesite 5:2).

Silgimtui toh Pathian lungkimsah kichi chu Pathian in ganhing kilaan khu gim a za chihna ahi sih hi. Hikhu umzia chu Ama'n mikhat Amah kawma sillaan petu lungtang gimtui A pom chihna ahi. Pathian in mikhat in Pathian a lauhna bangtan chiang ahiai chih leh mikhat in Pathian kawma sil a lat khu bangtobang lungsiatna toh a laan ei chih a enkhia hi.

Halmang sillat banga Pathian kawma piah diing ganhing kithat in i hinna Pathian kawma piah leh Amah hung thupiahte thumang a ensah hi. Soidan dangin, halmang sillat hagaulam poimohna chu Pathian Thu dungjuia hin leh siang leh siangthou a i hinna lam chinteng Amah kawma laankhia chihna ahi.

Tuni hun a diingin, hikhu chu Thohkiitna, Haithah Lopna, Kipaahthu Soina, Khristmas, leh Pathianni a kikhopna a telna tungtawn a A deihna dungjuia Pathian kawma i hinnate uh pe diinga kichiamna a i lungtang uh soidohna ahi. Pathianni tenga Pathian biahna leh Pathianni siangthou a kep in Pathian tate i hi huleh i hagaute Amah a ahi chih chetna ahi.

2. Halmang Sillat Kithoihna

Pathian in halmang sillat kithoihna chu "a melhemna umlou a tal," bukimna ensah ahih ding ahi. Ama'n pasalte a deih hi ajiahchu a taangpi in amahuhte a nute sanga a daan va ginumzaw diinga koih ahi uhi. A vei leh jiat ah a kivei lehleh sih va, a pilkhel sih va, huleh a kihawt lehleh sih uhi. Huleh, Pathian in kilatna "demna bei" ahih diing A deihna in mikhat in Amah chu hagau leh thutah a, a biah diing ahi chih a kawh hi, huleh hagau pawhkeeh toh A be diing uhi.

I nulepate kawma silpiah i piah chiangun, lungsiatna leh deihsahna toh i piah leh kipaahtahin a sang diing uhi. Utlou sasa a i piah leh, i nulepate'n kipaahtahin a pom thei sih uhi. Huchi mahbangin, Pathian in nuamna tellou ahihlouhleh thadahna, lusuhna, ahihlouhleh ngaihtuahna thasiatna toh i piah leh A pom sih diing hi. I lungtang thuuhtaha Vaangam kinepna, hutdamna khotuahna jala kipaahna huleh I Lalpa lungsiatna toh i piah chiang chauh in i biahna uh A pom hi. Huchiangleh chauh in Pathian heemna leh hahsatna hun ah kihutdohna diing lampi ahung bawlsah diinga huleh i lampi chinteng lamzanna ahung pe diing hi.

"Bawngtal dawng" Pathian in Siampubu 1:5 lat diing thu ahung piah in a kawh chu bawngtal dawng a dangtoh kipawlkha lou ahi, huleh hagaulam ah Jesu Khrist siangthouna leh dihtatna a kawh hi. Hujiahin, hih chang in a ken chu Pathian in naupang lungtang siangthou leh chitah toh Amah maia hung zuan diingin ahung deih hi. Ama'n naupangmaw banga um diingin ahung deih sih a hizongleh naupang lungtang mawltah, thumang, leh kingaingiam banga um diingin ahung deih hi.

Bawngtal dawng kii chu a pou bukim nai sih a hujiahin

koimah a si sih a huleh giitlouhna tellou ahi. Hitobang hihnate chu Jesu Khrist, jaidam, kingaingiam huleh naupang banga kingaitawm hute tobang ahi. Jesu Khrist chu demna bei leh bukim ahih toh kiton in, Amah tobang kithoihna chu dembei leh niin baanglou ahi diing ahi.

Mala chi 1:6-8 ah Pathian in Israel mite kithoihna sesa leh bukimlou petute naahtahin a tai hi::

"Tapain a pa azahbawl a, suaahin a pu: huchia pa ka hihleh, kei hung kizahbawlna khoiah ahiai? huleh houtupa ka hihleh, kei hung kilauna khoiah ahiai?" Sepaihte LALPA'N na kawmvah a chi ahi, "Aw siampu, ka min musittute. Huleh nangun, Khoitahah ahiai na min ka muhsit uh? na chi uhi. Ka maitaam tungah tanghou hiingsa na laanva, huleh nangun, Khoitahah ahiai ka hung suhnit uh?" na chi uh. LALPA dohkaan asimmohhuai, na chihna vah. "Huleh nangun kithoihna diingin amittaw laan leuchin gilou ahisih diaimah? huleh a keengbaai leh damlou laan leu'chin silgilou ahi sih diaimah? tuin na gamoptupa u'kawmah hikhu valaan dihvua; na tungvah a kipaah ngeel diaimah, ahihlouhleh ahung na pomthei diaimah?" Sepaihte LALPA'N a chi hi.

Pathian kawma hagau leh thutah a Amah biahna tungtawn in niin kithoihna baanglou, dembei leh bukim i piah diing uh ahi.

3. Sillat Chi Tuamtuamte Poimohna

Dihtatna leh khotuahna Pathian in mihing lungtang A en hi.

Hujiahin, Amah chu sillat a letdan, a manphatdan, ahihlouhleh a man ah A lunglut sih a hizongleh mikhat in a dinmun tuaah dungjuia ginna jala a piah dungjuiin ahizaw. 2 Korinthete 9:7 a ahung hilh bangin, "Mi chinin a lungtanga atup bang jeelin pia heh; phallousa-sa-a, ahihlouhleh piahlouh theihlouh-a ngaia pelouin; ajiahchu Pathian in kipaahtaha petu chu alungsiat hi," Pathian i dinmun uh dungjuia kipaahtaha i piah chiangun thanuamtahin A pom hi.

Siampubu 1 ah, Pathian in a bukim in bawngtal dawng, belaamte, keelte, huleh vate chu lat diing ahi chi A hilhchian hi. Bawngtal dawng dembei chu halmang sillat a Pathian kawma piah diinga kilawm ahihlaiin, mi khenkhatte'n bawngtalte a pe zou sih uhi. Hujiahin, A khotuahna leh hehpihna ah, Pathian in mite A kawma belaamte, keelte, ahihlouhleh vakhute mikhat hihna dinmun dungjuiin a piah diing uh A phalsah hi. Hikhu in hagaulam ah poimohna bang a nei ei?

1) Pathian in michih amahuh hihtheihna dungjuiin A kawma kithoihna kipia A Pom hi.

Sumlam hihtheihna leh dinmun mite lahah a tuamtuam a um hi; mikhat a diinga sil neucha chu midangte a diingin lianpi ahi thei hi. Hikhu jiahin, Pathian in belaamte, keelte, ahihlouhleh vakhute mite'n Amah kawma michih hihtheihna dungjuia a latte uh kipaahtahin A pom hi. Hikhu chu Pathian dihtatna leh lungsiatna mi chinteng tunga A phalsah ahi.

Pathian in mikhat bawngtal pe zou in keel a piah chiangin kipaahtahin a pom sih diing hi. Ahihvangin, Pathian in mikhat belaam pe zou changchang diing khat in bawngtal a piah chiangin kipaahtahin A pom a huleh a lungtang deihzawng A pia hi. Bawngtal hiin, belaam hiin, keel hiin, ahihlouhleh vakhu kilaan hitaleh, Pathian in A kawma "silgimtui" A chi hi (Siampubu 1:9, 13, 17). Hikhu umzia chu, sillatte kipete ah kikhiatna a um laiin, A kawma silgimtui ahih veh jiahin a kibatlouhna a um sih hi.

Mark 12:41-44 chu Jesu'n meithai zawng thohlawm thoh A phatna thu ahi. Dangka sum neu nih amahnu'n a piah chu hulai a diinga sum neupen ahi a hizongleh amahnu a diingin, hute a neih sunsun ahi. Bangtobang a thohlawm neu hizongleh, i hihtheihna dungjuia a hoihpen Pathian kawma i piah va, huleh kipaahna toh ahihleh, hikhu chu Amah lungkimna sillat ahung suah hi.

2) Pathian in mikhat siamna dungjuia biahna A pom hi.

Pathian Thu i ngaih chiangun, mimal chih siamna, lehkhazilna, huleh heetna chituam dungjuiin heetsiamna leh khotuahna tan a tuam hi. Biahna kikhopna kibang khat sung zong, mipilzaw leh simtamzawte toh in, mi pilna neiloute leh lehkhazilna hung ana zang tawmzote'n Pathian Thu a heetsiam theihna uleh a chepteh theihna uh a tawmzaw hi. Pathian in hite tengteng he ahihjiahin, Ama'n michih a lungtang thuuhtah apat a pilna sunga be diing leh hesiam diing leh Pathian Thu dungjuia hing diingin A deih hi.

3) Mikhat upatdan leh a lunggel chiimdan dungjuiin biahna A pom hi.

Mite ahung upat dungjuiun a chiamtehna uleh heetsiamna ahung kiheng hi. Hikhu jiahin mi upa tampite'n Pathian thu a hesiam ahihlouhleh chiamteh thei sih uhi. Huchi ahihvangin zong, mite'n lungtang thanopna tahtah toh be diinga ahung kipumpiah chiangun, Pathian in michih dinmun A he a huleh a biahna uh kipaahtahin A pomsah diing hi.

Mikhat in Hagau Siangthou thopna laha a biah chiangin, Pathian silbawltheihna chu, pilna ahihlouhleh heetna a taahsap jiah ahiai ahihlouhleh upat jiahin hita zongleh, a kawmah a um diing hi, Hagau Siangthou natohna jiahin, Pathian in a hesiam diingin huleh Thu chu a an a zang diingin A panpih hi. Hujiahin "ka haat sih" ahihlouhleh "ka tum a hizongleh ka hihthei tuan sih" chi in tawp sin la, hizongleh na lungtang thuuhtah apat pan theihtawp a pan laah sawm in huleh Pathian silbawltheihna hawl in. I Pathian lungsiatna hi in mikhat in a theihtawpna suaha kithoihna a bawl huleh mikhat in a dinmun leh hihna dungjuia a pia sillate kipaahtahin A pom hi. Hikhu jiahin ahi Ama'n Siampubu a halmang sillat latdan a bukim in ana gial a huleh A dihtatna A phuangkhia hi.

4. Bawngtalte Latna (Siampubu 1:3-9)

1) Kimuhna Puanbuuh Kotbul a Dembei Bawngtal Dawng

Biahbuuh sungah Biahinn leh Siangthoute laha Siangthoupen a um hi. Siampu chauh Biahbuuh ah a luut thei a huleh siampulal chauh Siangthoute laha Siangthoupen ah kumkhat in khatvei a luut thei hi. Hikhu jiahin minautaangte, Biahbuuh ah a luut thei sih va, kimuhna puanbuuh kotbul ah bawngtal dawngte in halmang sillat a laan thei uhi.

Bangteng hileh, Jesu'n sualna baang Pathian leh i kal a ding A suhsiat toh kiton in, Pathian toh tangtahin leh kinaihtahin tuin kizopna i nei thei uhi. Thuhun Lui hun mite'n a natoh utoh kimuhna puanbuuh kotbul ah kithoihnate a laan uhi. Ahihvangin, Hagau Siangthou i lungtang A biahinn a, A siam a, a sunga A teen jiahin, huleh tuni a eite toh kizopna A neih jiahin,

Thuhun Thah hun a um eite'n Siangthoute laha Siangthoupen a Pathian mai chiah theihna i neita uhi.

2) Sual Koihkhumna diinga Halmang Sillat tunga Khutngahna leh Thahna

Siampubu 1:4 apat a ban i simsuh leh hichin a kigial hi, "Ama'n a khut chu haaltum-sillat lutungah a koih diinga; huchu amah diinga a sual khuhna bawlna-a pomsah ahi diing hi." Halmang sillat tunga khutngah in halmang sillat tunga mikhat sualna koihkhum chih a ensah a, huleh huchiangleh chauh in Pathian in halmang sillat sisan jalin sual ngaihdamna ahung pe diing hi.

Khutngahna, sual koihkhumna banah, in zong gualzawlna leh thaunuhna a kawh hi. Jesu'n naupangte A gualzawl in ahihlouhleh natna leh damlouhnate jala damloute A suhdam chiang A khut A nga chih i he uhi. Khutngahna tungtawn in, sawltaahte'n mipite tan diing Hagau Siangthou a pesawn va huleh huchiin silpiah kiningching sem in ahung um hi. Huleh, khutngahna in silkhat Pathian kawma kipia chih a ensah hi. Thunatongtu in sillat tuamtuamte tunga a khut a ngah in hute Pathian kawma piah ahi chih a ensah hi.

Biahna kikhopnate suhtawpna a gualzawlna ahihlouhleh kikhopna ahihlouhleh haamteikhawmna hun Lalpa Haamteina khaah chu kikhopna ahihlouhleh biahinn kaina Pathian kipaahtaha ana pom diing tupna ahi. Siampubu 9:22-24 ah Siampulal Aaron in "Mipite lama a khut laamtou a huleh a gualzawlna" sual leh halmang sillatte Pathian in A thupiah dungjuia kilaan zoha a bawl thu a um hi. Lalpa Ni i kep siangthou zoh va huleh gualzawlna toh kikhopna i khaah zoh chiangun, Pathian in meelmapa dawimangpa leh Setan apat leh heemna leh gimthuahna apat in ahung veeng a huleh gualzawlna luanglet ahung tangsah hi.

Mikhat in halmang sillat a bawngtal dawng a thah khu bang chihna ahiai? Sual man chu sihna ahih dungjuiin, mihing in amah luangin gante a that hi. Bawngtal dawng khat a dang toh kipawl nailou chu naungeeh mohna bei bangin a deihhuai hi. Pathian in michih naupang mohna bei lungtang tobang toh halmang sillat laan diing leh sual bawl kiit nawnlou diingin A deih hi. Hukhu diingin, Ama'n michih chu a sual uh kisiih diing leh a lungtang uh bawlhoih diingin A deih hi.

Sawltaah Paul in Pathian deihdan a phawh a huleh hujiahin, a sualnate ngaihdam ahih nung leh thuneihna leh silbawltheihna Pathian ta banga a tan nung nasan in zong, 'nitengin a si" hi. 1 Korinthete 15:31 ah, "Jesu Khrist i Lalpa u'a ka hung suanna sialin, Nitengin ka si, chih hahtahin ka soi ahi," ajiahchu i sapum chu Pathian toh kikalh sl tengteng, thutahlouhna lungtang, kiuahsahna, duhamna, mikhat ngaihtuahna kisiamdoh, mahni kidihtatsahna, huleh sildang gilou a kilang photmahte i paihmang zoh chiangun Pathian kawmah kithoihna siangthou leh hing bangin i laan thei uhi.

3) Siampu in Sisan Maitaam Kiimah A Theh Hi

Sillat bawl mipa sualna koihkhum ahih zoh a bawngtal dawng thah ahih zohchiangin, siampu in sisan chu kimuhna puanbuuh kotbul kiim ah a theh hi. Hikhu jiah chu, Siampubu 17:11 a sim uh, "Bangjiahin ahiai i chihleh tahsa hinna chu sisana um ahi a; huchu na hinna u'diinga kilepna bawlna diingin maitaam ah nanguh ka hung peta hi; ajiahchu hinna adiinga kilepna bawl chu sisan ahi," bangin sisan in hinna a ensah hi. Huchi jiah mahbangin, Jesu'n A sisan sual apat eite hutdohna in

A luangsah hi.

"Maitaam kiimah" kichi in suahlam, tumlam, mallam, huleh simlam, ahihlouhleh a mawlzaw in, 'mihing paina lam photah' chih a kawh hi. Sisan 'maitaam kiimah" kichi umzia chu mihing sualnate chu a paina lamchin ah ngaihdam ahi chihna ahi. Hikhu umzia chu bangchi zawngzawng a sual kibawlte ngaihdamna i tang diing va huleh Pathian in i zotna lam diing va ahung deih zotna diing uleh i zot louhna diing uh lampi kawhmuhna i tang diing uhi.

Hikhu chu tuni hun a toh a kibang hi. Maitaam chu Pathian Thu kisoina pulpit ahi a, huleh Lalpa suaah biahna kikhopna puitu in siampu sisan thehtu tan a tang hi. Biahna kikhopna ah, Pathian Thu i za va huleh ginna jalin huleh I Lalpa sisan jala suhhaatna jalin, Pathian deihzawng toh kikalh ina bawlkha tengteng ngaihdamna i tang diing uhi. Sisan jala sualnate ngaihdamna khatvei i tan kalsiah uh, Pathian in ahung deihna lam chauh ah i pai diing va huleh sualna apat kihepdoh gige theihna diingin i kalsuan diing uhi.

4) Halmang Sillat Vun Lip leh Semnenna

Halmang sillat a kilaan ganhing chu a vun lip a huleh meikuang a haltum veh diing ahi. Savun chu a khauh a, a halmang veh a hahsa hi, huleh a kihal chiangin a namsia hi. Hujiahin, ganhing chu gimtui toh lat ahihtheihna diingin, a vun lip masat a ngai hi. Hitobang a sil kibawl chu tuni hun a biahna kikhopna a bangpentah toh tehkaah theih diing a diai?

Pathian in Amah bemi biahna gimtui A za a huleh a gimtui lou bangmah A pom sih hi. Pathian kawma biahna chu silgimtui ahung hih theihna diingin, "khovel in suhnit a kilangte i paihmang va huleh hagaumitah leh siangthoutaha Pathian maia i hung" diing uh ahi. I hinkhua pumpi ah Pathian maia sual a ngaih theihlouh sil tuamtuam i tuaah va hizongleh hagaumi leh siangthou hihna a neipha teuh sih uhi. Hutobang khovelmi hihna Khrist a hinkhua i neih ma va te a um nalai meithei a, huleh tatleehna, bangmahlou, leh kiletsahna ahung kilangdoh meithei hi.

Etsahna diingin, mi khenkhat bazaar ahihlouhleh dawrpi ah 'kotta-bazaar kai' a ut va huchiin a chiah va huleh bazaar kai a zongsang uhi. Khenkhatte chu tv et ahihlouhleh video kimawl a zongsang uhi. I lungtang uh hutobang silte'n a laahmang chiangin, Pathian lungsiatna apat in i vaahmang uhi. Hubanah, eimah leh eimah i kietchian va ahihleh, khovel in a suhnit thutahlouhna leh Pathian maia bukimlouhna hung kilangdoh i mu diing uhi. Pathian maia bukim i hung hihna diingin, hite tengteng i paihmang veh diing uh ahi. Amah maia be diinga i hung chiangun, hinkhua a hutobang khovel lam silte i kisiih masat va huleh i lungtang uh ahung hagaumit sem a ahung siangthou sem diing ahi.

Biahna kikhopna ma a khovel niin baang sualna, sianlouhna, huleh bukimlouhna kisiihna chu halmang sillatna ganta vun lipna toh kibang ahi. Hikhu bawlna diingin, i lungtang uh biahna kikhopna a tung baih in hoihtahin i kisingsa diing uhi. Pathian in na sualna tengteng ahung ngaihdam jiah leh ahung venbitna jiaha A kawma kipaahna haamteina lat ngengei sawm inla, huleh nang leh nang na kietkhia toh kiton in kisiihna haamteina laan in.

Mite'n Pathian kawma a vun kilip, a sa kisemnen, huleh mei a kihal a lat chiangun, Pathian in tatleehna leh sualnate ngaihdamna A pia a huleh siampu in hoih sahsahna a zat diingin a vun um nalai teng a laah diing phalsah hi. "A kisemnen" kichi in ganhing lu leh keeng, a pang, a nunglam keeng, a gil kikhuah, chih a kawh hi.

Dawnkhoh ahihlouh apple gah chihte i tungva mite i neeh diinga i piah chiangun, a pum in i pe sih uhi; khehsa leh kilawmtahin i pia uhi. Huchi mahbangin, Pathian kawma kithoihna i lat chiangun, a bawn in i hal sih va hizongleh a kilawmtheipen in siangthoutahin i pia uhi.

Kithoihna sillat "semneen" kichi in hagaulam poimohna bang a nei ei?

Khatna, Pathian kawma biahna chi tuamtuam a khenna a um hi. Pathian Zingkal leh Nitaah Kikhopte, Nilaini Nitaah Kikhopte, huleh Ziltawpni Zaan-khovaah Kikhopte a um hi. Biahna kikhopna khenna chu hih kithoihna "semneen" a kibang hi.

Nihna, i haamteina uh sunga thu umte khenna chu kithoihna "semneen" toh a kibang hi. A taangpi in, haamteina chu kisiihna leh hagau giloute nohmangna, kipaahthu soina in a juih ahi. Huchiangleh kouhtuam thupite; Biahinn bawlna; thunatongte leh kouhtuam a sepna neite, mikhat in a mohpuahna a sepdohna diing; mikhat hagau masawnna diing; mikhang lungtupte leh haamteina zohna chihte ah a luuttou hi.

A dihtahin, lampi a i pailai, gari tawllai, ahihlouhleh hun awngkal in i haamtei thei uhi. Pathian leh I Lalpa toh kisai ngaihtuahna i neihlai leh kilat laiin daidide in kipolhna hunte i nei thei uhi. Kilatna hun kiseptuam banah, haamteipih diing a banban a lamdoh chu kithoihna semneen toh a poimohdan kibang ahi chi lungsim a i vom diing uh ahi. Pathian in i haamteina uh kipaahtahin A pom diinga huleh kintahin ahung dawng diing hi.

Thumna, kithoihna "semneen" kichi in Pathian Thu Bu 66 a kikhen a lom in a soi hi. Bible Bu 66 in Pathian pumkhat hihna leh Jesu Khrist tungtawn a hutdamna silpiah a hilhchian hi. Ahihvangin, Pathian Thu chu bu malmal in a kikhen a, huleh A lehkhabu chih a, A Thu chu a kal va kikaahna bangmah um louin a kibulhtuaah veh hi. Pathian Thu chu khen tuamtuam a, a kikhen mahbangin, Pathian deihzawng chu ngilneitaha soidoh in a um a huleh huchiin hikhu chu ei a diinga an ahung hih a baihlam sem hi.

Lina, huleh hikhu a poimohpen ahi, kithoihna "semneen" chih umzia chu biahna kikhopna ngei seh tuamtuam a kikhen a um chihna ahi. Kikhopna kipat ma a kisiihna haamteina chu seh masapen, kilatna hun tomkhat kikhopna a diinga kisahkholna leh kipatna hun in a jui hi, huleh kikhopna chu Lalpa Haamteina ahihlouhleh gualzawlna in a jui hi. A kalah, Pathian Thu soina a um mei hilou in, hizongleh midangte a diinga haamteina, phatna, Bible simna, thohlawm, huleh seh dangte a um hi. A hun kizang phot in poimohna a nei a, huleh paidan biih nei a kikhopna chu kithoihna sillat semneena toh kibang ahi.

Kithoihna haltum veh in halmang sillat a suhbukim mahbangin, biahna kikhopna a bul apat a tawp tandong a bawn pumpi a i pumpiah diing uh ahi. Biahinn kaite a vaigeih louh va ahihlouhleh zun leh eeh tha diinga a poimoh tenten ahihlouhleh a pawt louh diing uh ahi. Mi khenkhat touna hawm leh biahinn a, a mohpuahna tongdoh diinga umte hutobang hunah phalsah ahi diing uhi. Mite'n Nilaini Nitaah ahihlouhleh Ziltawpni Zaan-khovaah Kikhopnate lap teitei a lunggulh diing va hizongleh amahuh chu a natoh uh jiahin ahihlouhleh pelh theihlouh dinmun jiahin a vaigei loutheilou meithei uhi. Huchi pum in zong, Pathian in a lungtang uh a en diinga huleh a biahna uh gimtui ana sang diing hi.

5) Siampu in Maitaam ah Mei A Hal a huleh Mei ah Singkhuah A Chi

Kithoihna semneen ahih zoh chiangin, siampu in a neen tengteng maitaam ah a gual diing huleh a hal diing hi. Hikhu jiahin siampu chu "maitam a mei chih diing leh meikuang a diing singkhua lem" diinga thupiah ahi. Hitahah, "meikuang" in hagaulam ah Hagau Siangthou meikuang a kawh a huleh "mei a singkhuah" in Bible dinmun leh a sunga thu umte a kawh hi. Bible Bu 66 a thumal chih chu meikuang banga zat ahi. "Meikuang a singkhuah chih" chu, hagaulam ah, Hagau Siangthou natohte laha Bible a thumal um chinteng hagaulam an a siamna ahi.

Etsahna diingin, Luke 13:33 ah Jesu'n hichiin A chi hi, "Jerusalem khua louah zawlnei sih ngeina hilou ahi." Hi chang tangtaha heet sawm chu a thawn ahi diing, ajiahchu Pathian mi tampi, zawlnei Paul leh Peter chihte "Jerusalem polam" ah a si uh chih i he hi. Hu chang ah, bangteng hileh, "Jerusalem" in tahsalam khopi a kawh sih a, hizongleh khopi Pathian lungtang leh deihzawng, "hagaulam Jerusalem" hukhu chu Pathian Thu" chihna a kengtel hi. Hujiahin, "hikhu chu Jerusalem polam ah zawlnei a si thei sih" chih umzia chu Pathian Thu sungah zawlnei a hing in a si hi chihna ahi.

Biahna kikhopn neih sunga Bible a bang kisim a huleh thu

kisoi ngaihkhiah heetsiam chu Hagau Siangthou thopna jal chauh in a hihtheih hi. Pathian Thu khenkhat mihing heetna, ngaihtuahna, leh suangtuahna peel a te Hagau Siangthou thopna jalin heetsiam theih ahi a huleh huchiin i lungtang thuuhtah apat in Thu i gingta thei uhi. A kigawm in, Hagau Siangthou natohte leh thopnna Pathian lungtang eimaha hung kisoi leh i lungtang va zung ha jala Pathian lungtang hung suaah jala Pathian Thu i hung heetsiam chiangun hagaulam ah i khang pan uhi.

6) Sa Kisemneente, a Lu leh a Sungthau Maitaam tunga Meikuang tunga Lem

Siampubu 1:8 in hichiin a gial hi, "Huleh Aaron tapate, siampute'n sasemte leh, a lu leh, a thau chu maitaama mei tunga um sing tungah hoihtahin a koih diing uhi." Halmang sillat a diingin, siampu in sa kisemneensate, a lu leh a sungthaute a lemtuaah diing hi.

Kithoihna lutang hal in i lutang a hung kipan thutahlou ngaihtuahna tengteng halmangna a ensah hi. Hih khovel mite'n mikhat a sualna muhtheih a natoh a, a kilat louhleh misual in a mohpaih sih diing hi. Ahihvangin, 1 Johan 3:15 a i sim bangin, "Koipouh a sanggam hua chu tualthat ahi," Pathian in huatna neih chu sual A chi hi.

Jesu'n kum 2000 paita ah sual apat in ahung hutdoh hi. Ama'n i khut leh keeng toh sual i bawlte uh apat ahung hutdoh chauh hilouin, hizongleh i lutang toh ina bawlte zong. Jesu'n i khut leh keengte a sual i bawlte vapat ahung hutdohna diingin A khut leh keengte ah siihkilh a kilhbeh in a um a, huleh i ngaihtuahna i lutang va hung kipante toh sual i bawlte apat ahung hutdohna diingin linglukhuh A khuh hi. I ngaihtuahna utoh i bawlte uh sual ngaihdam a umsa i hihtaah chiangun, kithoihna a ganta lutang Pathian kawma i piah uh a ngai sih hi. Ganhing lutang sangin, Hagau Siangthou meikuang toh i ngaihtuahna i hal diing uh ahi, huleh hikhu chu thutahloute ngaihtuahna paihmang leh thutah hun tenga ngaihtuah zingna tungtawn in i bawl diing uh ahi.

Thutah hun tenga i vom chiangun, thutahlou ahihlouhleh ngaihtuahna thasia i vom nawn sih diing uhi. Hagau Siangthou in mite chu biahna kikhopna hun sunga ngaihtuahna thasia paihmang a, thusoi hoihtaha ngaikhia a, huleh a lungtang va gelhluut diingin A pui jiahin, Ama'n A pom diing hagaulam biahna Pathian kawmah a laan thei uhi.

Hubanah, a sungthau, ganhing thau beh, chu tha leh hinna ngei kipatna ahi. Jesu chu A sisan tengteng leh tui luangkhesah khop in kithoihna in ahung pang hi. I Lalpa diing va Jesu i hung gintaat chiangun, ganhing sungthau chu Pathian kawma i lat uh a ngai nawn sih diing hi.

Ahihvangin, "Lalpa a gingtaat" chu "Ka gingta" chia muuh a phuandoh meimei ahi sih hi. Lalpa'n sual apat in ahung hundoh chih dihtaha i gintaat uleh, sual i paihmang va, Pathian Thu a i kihen va, huleh hinkhua siangthou i zat diing uh ahi. Biahna hun nasan ah, i hatna – i sapum, lungtang, deihzawng, huleh i pan theihtawpte – i hung puaahdoh va, huleh hagaulam biahna kikhopnate Pathian kawma i lat diing uh ahi. Mikhat a haatna tengteng hung suahdoh in Pathian Thu a lutang chauh ah a khol sih a, hizongleh a lungtang in zong a tongdoh hi. Pathian Thu chu lungtang khat ahung kitohdoh chiang chauhin, hagau leh tahsa ah hinna, haatna, huleh gualzawlna ahung suaah thei hi.

7) Siampu in Tui in a Sungkua leh a Keengte a Sawpsiang a, huleh Maitaam ah a Bawn in Meikhu in a Laanmang hi

A beh dangte chu a hihna bangbanga lat ahih laiin, Pathian in a sungkua leh a keengte, ganhing sa laha a siangloute, chu tuia sawpsiang a huleh lat diing ahi chiin thu A piah hi. "Tui a sawpsiang" kichi in kithoihna bawltu mipa sianlouhnate sawpna a kawh hi. A sianglou bang ahiai sawp diing? Thuhun Lui huna mite'n kithoihna niinte a sawpsiang va, Thuhun Thah huna mite'n lungtang niin a sawp diing uh ahi.

Matthai 15 chu Pharisaite leh lehkhagialtute'n Jesu nungjuite'n khut silsiang lou a an a neeh uh a tai uh thu a um hi. Amahuh kawmah Jesu'n hichiin A chi hi, "Mihing kama luut in bangmah a suniin siha, hizongleh kam apat hung pawtdoh in, mihing a suniin hi (c.11). Kama luut in a bawltheihte chu eeh in a paikhia a; ahihvangin, kama hung pawtdoh chu lungtang a hung kipan ahi a huleh sawtpi a daih. Jesu'n Chang 19-20 te a, A soi jel bangin, "Ajiahchu lungtanga kipatin ngaihtuahna giloute, tualthahnate, aangkawmnate, kingaihnate, guuhtaatnate, atahlou heetpihnate, soisiatnate ahung pawt veu hi. Hute chu ahi mihing suniin; khut sil louha an neehin mi a suniin sih," Pathian Thu toh lungtang a sual leh giitlouhna i sawpsiang diing uh ahi.

I lungtang va Pathian Thu a luuttam sem leh, sual leh giitlouhna chu suhmang ahi diinga huleh eite suhsiang i hi diing uhi. Etsahna diingin, mikhat in lungsiatna an a bawl a huleh hukhu dungjuia a hin leh, huatna chu suhmang in a um diing hi. Mikhat in kingaihngiamna an a bawl leh, hikhu in kiuahsahna mun a luah diing hi. Mikhat in thutah an a bawl leh, zuautheihna leh heemhaatna a paimang diing hi. Mikhat in thutah an a bawl tamsem a huleh hukhu dungjuia a hin leh, a sual hihna chu paihmang ahi diing hi. A ngeinadan in, a ginna ahung khang awlawl in ahung khang diinga huleh Khrist a dimna dinmun chiang ahung; tung diing hi. A ginna phaahna chiangchiang ah, Pathian silbawltheihna leh thuneihna in a jui diing hi. A lungtang deihzawng a muh chauh hilou in, hizongleh a hinkhua a lam chinteng ah gualzawlna a tang diing hi.

A sungkua leh a keengte silsiang ahih zoh chiang huleh a bawna meikuang tunga koih ahih nung chiang chauhin silgimtui ahung pedoh diing uhi. Siampubu 1:9 in hikhu chu "LALPA kawma silgimtui meikuang tungtawn a kithoihna" chiin a hilhchian hi. Halmang sillatte jala A Thu dungjuia hagau leh thutaha hagaulam biahna kikhopna Pathian kawma i piah chiangun, huh biahna chu Pathian kipaahpih meikuang a kithoihna kibawl leh A dawnna hung tungsuhsah kithoihna ahung hi diing hi. I biahna lungtang chu Pathian maia silgimtui ahung diinga huleh A lungkim leh, Ama'n hinkhua a lam chinteng ah khantouhna ahung pe diing hi.

5. Belaamte ahihlouhleh Keelte Latna (Siampubu 1:10-13)

1) Belaamtal Dawng ahihlouhleh Dembei Keel

Bawngtal kithoihna toh kibang, belaam hiin ahihlouhleh keel hitaleh, kithoihna chu demna diing umlou a tal ahih diing ahi. Hagaulam thu ah, kithoihna soiselna diing umlou in lungtang bukim nuamna leh kipaahna in a chepteh toh Pathian maia biahna a kawh hi. Pathian thupiah ganhing tal lat diing ahi kichi in "kivei lehleh lou lungtang kichiantah toh biahna" a kawh hi. Kithoihna chu mikhat sumlam dinmun a kinga a, a tuam chiat laiin, hu mi in a sillat bangtobang hizongleh a sillat toh kiton a lungput chu a siangthou a huleh a bukim gige a ngai hi.

2) Kithoihna chu Maitaam Mallam a Thah Diing ahi, huleh Siampu in Maitaam Mai Lite Kiim ah a Sisan A Theh Diing Hi

Bawngtalte kithoihna a mahbangin, gan sisan maitaam kiim a theh in a tup chu khoimunpouh – suahlam, tumlam, mallam, huleh simlam a – kibawl sualna tengteng ngaihdamna ah ahi. Pathian in thuphatawina chu hu mi luanga Amah kawma gan kilaan sisan toh kiheng diing A phalsah hi.

Pathian in bang diinga kithoihna maitaam mallam a thah diinga thu pia ahiai? "Mallampang" ahihlouhleh "mallam" kichi in hagaulam ah votsahna leh mialna a kawh hi; hikhu chu silkhat Pathian thuhilhna ahihleh taina soina huleh A kipaahlouh sil soina a kizang veu ahi.

Jeremiah 1:14-15 ah hichia sim in a um hi,

"Huin LALPA'N ka kawmah, Maallam apatin gamsunga teengte zousiah tungah silhoihlou ahung kipandoh diing hi. Ajiahchu, ngaiin, maallam lalgama namte zousiah ka kou diing, Lalpa'n a chi hi: huchiin ahung diingva, amahuh michinin Jerusalem kulhkot luutna ah leh, a kimvel kulhbaang zousiah bulah leh, Judah khopi zousiah ah a laltouphah a tung diing hi."

Jeremiah 4:6 ah Pathian in hichin ahung hilh hi, "Bitna hawlin taai unla, muang sih un; bangjiahin ahiai ichihleh maallam a kipanin silhoihlou ka hung tut diinga, huleh siatna nasatah mei zong." Bible a i muh bangin, "mallam" kichi in Pathian in A thuhilh a, huleh A tai hi, huleh huchi mahbangin, ganta mihing sualna ngahna a kizang chu "mallampang," hamsiatna etsahna chu, a thah ahi diing hi.

3) Kithoihna chu Semneen ahi a, a Lutang leh a Thau chu Singkhuah tunga Leptuaah ahi: A Sungkua leh A Keengte Tui a Sawpsiang Ahi; A Kilaan Zousiah a Bawn in Maitaam tungah Meikhu in a Zamtou hi

Bawngtal halmang sillat mahbangin, belaam ahihlouhleh keel halmang sillat zong i lutang, khutte, leh keengte toh ina bawlkha sualnate ngaihdamna muhna diinga kilaan ahi. Thuhun Lui chu a liim ahi a huleh Thuhun Thah chu a lim tobang ahi. Pathian in natoh mei a sual ngaihdamna mu diingin ahung deih ahi sih a, hizongleh i lungtang teep kitan a huleh A Thu dungjuia hing diingin ahung deih hi. Hikhu i sapum, lungtang leh utna tengteng toh hagaulam biahna kikhopna ahi a, huleh thutahlouhnate paihmang leh thutah dungjuia hinna diinga Hagau Siangthou thopna jala Pathian Thu an a siana diing ahi.

6. Vate Kithoihna (Siampubu 1:14-17)

1) Vakhu khat ahihlouhleh Vapaal Dawng khat

Vahkhute chu va tengteng laha nunnempen leh felpen ahi, huleh mite thu hoihtahin a mang hi. A sa uh a nem jiahin huleh vakhute'n a taangpi in mi tampi diinga phattuamna a tut jiahin, Pathian in vakhu ahihlouhleh vapaah dawng lat diingin thu a pia hi. Vakhute lahah, Pathian in vakhu dawng lat hi diingin A deih hi ajiahchu Ama'n kithoihna siang leh nem A deih hi. Hih vakhu dangte hihna in Jesu kithoihna hung hipa kingaihngiamna leh nunnemna a ensah hi.

2) **Siampu in Maitaam ah Kithoihna ahung Tawi a, a Ngawng a Heeh a, a Haahte a Kai a hizongleh a Botkhe Sih hi; Siampu in Maitaam ah Meikhu in a Laan a, Maitaam Ning a, a Sisan Kaikhesah in**

Vakhu dawng chu a neu mahmah a, thah a huleh semneen theih ahi sih hi, huleh a sisan tawmtakhat a pawtsah theih giap hi. Hukhu jiahin, ganhing dangte maitaam mallampang ning a kithatte banglouin, a lutang chu a lu apat sisan luangkhia toh a kiheeh hi, hikhu ah vakhu lutang a khut ngahna zong a tel hi. Maitaam kiima kithoihna sisan theh diing ahih laiin, sual thuphatawina hunzat vakhu sisan phazah a tawm jiahin maitaam ninga a sisan kaikhia chauh toh zat ahi.

Hubanah, a tahsapuaah a neu jiahin, vakhu chu semneen diing bang hitalh a meellehpuan heet tham ahi sih diing hi. Hujiahin a haah a vakhu bohkeeh banga kilang a, hizongleh a tahsa apat a haahte botkhe lou a um chu, a lahna chauh ahi. Vate a diingin, a haahte chu a hinna uh ahi. Vakhu a ha a kibot in mihing Pathian maia a veh a kipedoh a huleh a hinna nasan A kawma pedoh chih a ensah hi.

3) **Kithoihna a Multe a Kituam Maitaam Suahlam Vut Koihna ah a Kipaih hi**

Va kithoihna banga mei tunga a kilatkhia masang in, va vunte leh multe paihkhia ahi. Bawngtalte, belaamte, huleh keelte sungkua paih hiloua hizongleh tui a sawpsiang ahih nunga mei a hal ahih laiin, vakhu sungkua neukhat chu suhsiang a hahsat jiahin, Pathian in paih diing A phalsah hi. Vakhu vun leh multe paihkhiah in, bawngtalte leh belaamte sil niinte suhsiangna toh kibang in, Pathian hagau leh thutah a biahna tungtawn i lungtang niin leh hun paisa a sualna leh giitlouhna bawlte silsiangna a ensah hi.

Va vun leh a mul chu maitaam suahlam a vut koihna mun a paih diing ahi. Siamchiilbu 2:8 ah Pathian in "Eden ah, suahlam ah huan A bawl hi," kichi i sim uhi. Suahlam kichi hagaulam umzia chu munawng vaah in a umkual chihna ahi. Leitung i tenna nasan ah, suahlam chu nisa suaahna lam ahi a huleh khatvei nisa ahung suaah kalsiah, zaan mial delhdoh in a um hi. Maitaam suahlam ning a vakhu vun leh multe paihna in bang poimohna a nei ei?

Hikhu in halmang sillat Pathian kawma i piahna jal va sualna leh giitlouhna niinte paihmang zou a Lalpa, Vaah hipa, mai i hung zotna uh a ensah hi. Ephesite 5:13 a i sim uh bangin, "Hizongleh sil zousiah a dihlouhdan heetsaha um chu vaah suhlat ahi; ajiahchu sil sulang photmah chu vaah ahi," i muhdoh uh sualna leh giitlouhna niin i paihkhia va huleh Vaah maia hung pai in Pathian tate i hung hi uhi. Hujiahin, suahlam a niinte paih kithoihna in hagaulam ah hagaulam niinte – sualna leh giitlouhna, laha hing eite'n bangchidana sual paihmang a huleh Pathian tate hung hi i hiviai chih a ensah hi.

Bawngtalte, belaamte, keelte, huleh vate halmang sillat tungtawn in, tuin Pathian lungsiatna leh dihtatna i hung hesiam uhi. Pathian in halmang sillatte A thupiah ahi ajiahchu Ama'n Israel mite a hinkhua uh a hun chinteng chu halmang sillatte Amah kawma laan zinga Amah toh tangtah leh kinaihtaha kipolhna a i zat diing uh ahi. Hikhu na heetzing chiangun, hagau leh thutah in na hung be va, huleh Lalpa Ni na kep siangthou chauh uh hilou in, hizongleh kumkhat sunga ni 365 sung teng na lungtang gimtui Pathian kawma na lat diing uh chu ka kinepna ahi. Huchiangin I Pathian, "LALPA ah kipaah inla; huleh Ama'n na lungtang deihzawng ahung pe diing (Psalm 37:4), chia hung chiamtu, in khantouhna leh gualzawlna i paina lam photmah ah ahung tungsah diing hi.

Bung 4

Taangbuang Sillat

"Huleh mi koipouhin LALPA a-diinga an-sillat a lat chiangin, a sillat chu taangbuang neel ahi diing ahi; huleh a tungah sathau a sung diinga, gimnamtui a koih diing hi."

(Siampubu 2:1)

1. Taangbuang Sillat Poimohna

Siampubu 2 in taangbuang sillat a hilhchian a huleh hikhu Pathian kawma bangchi lata huchia Amah lungkimna kithoihna hing leh siangthou hung hithei diing ahiai chih ahung hilh hi. Siampubu 2:1 a i sim mahbangin, "Huleh mi koipouhin LALPA a-diinga an-sillat a lat chiangin, a sillat chu taangbuang neel ahi diing ahi; huleh a tungah sathau a sung diinga, gimnamtui a koih diing hi," taangbuang sillat chu taangbuang neel toh Pathian kawma kilaan sillat ahi. Hikhu chu Pathian hinna hung pia leh niteng a i an diing hung pia kawma kipaahthu soina sillat ahi. Tuni a diingin, hikhu Pathianni Biahna Kikhop sunga Pathian in kal beisa a ahung venbitna jiaha Amah kawma kipiah kipaahthusoina sillat a kawh hi.

Pathian kawma sillatna ah, bawngtalte ahihlouhleh belaamte chihte sisan sual kithoihna diinga pawtsah a ngai hi. Hikhu jiah chu gantate sisan suahna tungtawna i sualnate ngaidamna in Pathian Siangthou kawmah i haamteinate leh silngette a tungsah chih a chian hi. Ahihvangin, taangbuang sillat chu kipaahthusoina sillat sisan suahna tuam ngailou a huleh hikhu chu halmang sillat toh kiton a bawl ahi. Mite'n a gah masapente uleh silhoih dangte Pathian kawmah, a haichitang tuh diinguh tang ahungna piah a, an A piah a, huleh buhlaah hun tandong a, A venbitna jiaha taangbuang sillat banga a haichi laah vapat a piah uh ahi.

Taangbuang chu haichitang sillat banga kilaan jel ahi. Taangbuang neel, meikhu a kiem tanghou, huleh buh vui min masa tangte a kizang a, huleh sillat tengteng sathau leh chi toh a kihel a, huleh silgimtui a kihel hi. Huchiangin sillat khutdim khat chu gimtui toh Pathian kawmah meikhu a jamtou diinga lat ahi. Pawtdohbu 40:29 ah hichiin a kigial hi, "Huleh mipi pungkhawmte puaninn biahbuuh kot kawmah haaltum sillat maitaam a koih a, a tungah haaltum sillatte leh an sillatte a laan hi, LALPA'N Mosi thu a piah bangin." Pathian in halmang sillat piah ahih chiangin, haichitang sillat zong piah ahih diing ahi chih ahung hilh hi. Hujiahin, Pathianni Biahna Kikhopnate ah kipaahna sillatte Amah kawma i piah chiang chauhun hagaulam biahna kikhopna buching Pathian kawma pia i hi diing uhi.

"Haichitang sillat" chu a dihtahin "thohlawm" leh "silpiah" ahi. Pathian in biahna kikhop tuamtuam a khutguaah a kuan ahung phal sih a hizongleh kipaahtu soina sillatte A kawma piahna jalin natoh toh kipaahtu soina lungtang i latsah diing uh ahi. Hikhu jiahin 1 Thessalonikate 5:18 ah hichiin ahung hilh hi, "Sil bangkimah kipaahthu soi zing un; ajiahchu nang u'lam thu-ah Khrist Jesu ah hichu Pathian deihjawng ahi," huleh Matthai 6:21 ah, "Na gou umna ah, na lungtang zong a um diing hi."

Bang jiaha silbangkim a kipaahthu soi a huleh haichitang Pathian kawma laan diing i hi viai? Khatna ah, mihing tengteng Adam thumanlouhna jalin siatna lampi ah a ding va, hizongleh Pathian in Jesu chu i sual un siamtanna diingin ahung pia hi. Jesu'n sualna apat in ahung tandoh a huleh Amah tungtawn in kumtuang hinna i tang uhi. Pathian, vaannuai a silbangkim huleh mihing tengteng siamtu, chu tuin i Pa ahi a, Pathian tate bangin thuneihna i nei uhi. Ama'n kumtuang Vaangam i neih diing ahung phalsah a huchiin Amah kawma kipaahthu soi chihlouh ngal bang bawl diing a um ei?

Pathian in ni ahung pia a huleh guah, huih, leh khohun i zoute ahung piah a huchia i niteng an diing Ama'n ahung piahna buuhlaahna i nei thei uhi. Amah kawmah kipaahthu i soi diing uhi. Hubanah, Pathian in hih khovel, sualna, dihtatlouhna, natnate, huleh tuahsiatna a dim apat in ahung veeng hi. I haamteinate ginna a kilaante ahung dawng a huleh Ama'n gualzohna hinkhua a hing diingin ahung gualzawl gige hi. Huchiin a non in, bangchidana Amah kawma kipaahthu soi lou thei diing i hiviai?

2. Taangbuang Sillate Kithoihna

Siampubu 2:1 ah Pathian in hichiin a chi hi, "Huleh mi koipouhin Lalpa a-diinga an-sillat a lat chiangin, a sillat chu taangbuang neel ahi diing ahi; huleh a tungah sathau a sung diinga, gimnamtui a koih diing hi." Taangbuang sillat Pathian kawma kilaan taangbuang chu hoihtaha kigawi neel ahi. Pathian in taangbuang kilaan chu "hoihtah" ahih diing ahi kichi in Amah kawma sillat i bawl chianga i lungtang umdan diing a soina ahi. Taangbuang neeltaha kigawina diingin a khehna, a gawina, huleh a hiitna chihte telin sil saupi bawl a ngai hi. Hite chih in panlaahna leh siamneelna a poimoh hi. Taangbuang neel toh kibawl an chu a etlawm a huleh a tuui diahkhol hi.

Pathian in taangbuang sillat chu "taangbuang neel" ahih diing chia thu A pia hagaulam umzia chu Pathian in kithoihna pilvang theitawp leh kipaahtaha kisingsahna chu A pom diing chihna ahi. Ama'n kipaahthu soina lungtang natoh a i latsah chiangun, i muuh chauh va kipaahthu i soi uh hilou in, kipaahtahin A pom hi. Hujiahin, sawmakhat ahihlouhleh kipaahthusoina thohlawmte i pia chiangun, i lungtang tengteng utoh i pia va huchia Pathian in kipaahtaha A pom ngei diing ahi i chihtheih a ngai hi.

Pathian chu silbangkim tunga vaihawmpa ahi a huleh Ama'n A kawma kithoihna pe diingin thu A pia hi, hizongleh Ama'n sil taahsap A neih jiah ahi sih hi. Michih chinteng hauhsatna khansahna diing leh koitobang apat silneihte laahmang theihna diing silbawltheihna A nei hi. Pathian in eite apat a kithoihna A muh utna jiah chu ginna leh lungsiatna jala Amah kawma kithoihna i piahte tungtawna a thupizaw leh kiningchingzaw a ahung gualzawl theihna diing ahi.

2 Korinthete 9:6 a "Hizongleh hichu ka soi ahi, Atheh tawmin a aat tawm diinga, atheh tamin a aat tam diing hi," chia kigial i muh bangin, mikhat in a tuh bangbang a aat chu hagaulam lalgam daan ahi. Huchia Ama'n a tamsem a ahung gualzawl theihna diingun, Pathian in kipaahna sillat pe diingin ahung hilh hi.

Hih thutaha i gintaat va huleh sillatte i pia chiangun, i lungtang tengteng utoh i pe ngei diing uh ahi, taangbuang neel sillatte Pathian kawma i pia diing uh mahbangin, huleh sillat luulpente dembei leh siangthou A kawma i piah diing uh ahi.

"Taangbuang neel" in Jesu hihna leh hinkhua, a nih a amahuh a bukim tuaahtuaah etsahna ahi. Hikhu in taangbuang neel bawl laia pilvang theitawp a, i bawl uh bangin, gimna leh thumna toh i hinkhua uh i hing diing uhi.

Taangbuang sillatte taangbuang toh lat ahih chiangin, taangbuang sathau toh helkhawm a huleh meikhu a hai ahihlouhleh chiangsung ahihlouhleh kuangdai sunga hai diinga meeh ahih chiangin, huchiin mite'n maitaam ah meikhu a jamtou in a laan uhi. Taangbuang sillatte bawldan tuamtuam a kilaan in a etsah chu mite hinkho zatdan leh kipaahthu soina jiah tuamtuam a um chihna ahi. Soidan tuam in, Pathiannite a kipaahthu i soi gigena jiah uh chu, gualzawlnate ahihlouhleh i lungtang deihzawngte uh i tan jiah va kipaahthu i soi diing uh ahi; ginna jala heemna leh ze-etnate, huleh hutobangte zou in. Ahihvangin, Pathian in "silbangkim a kipaahthu soi" diingin thu ahung piah bangin, kipaahthu soina diing jiah i hawl va huleh hukhu dungjuia kipaahthu i soi diing ahhi. Huchi chiang chauhin Pathian i lungtang silgimtui ahung pomsah diinga huleh i hinkhua vah kipaahthu soina diing jiah A dimsah diing hi.

3. Taangbuang Sillat Piahna

1) Taangbuang Neel a Tunga Sathau leh Silgimtui toh kihel Taangbuang Sillat

Taangbuang neel tunga sathau kisung in taangbuang chu a kimeehnaang leh an hoihtah a suaahsah hi, huleh tanghou tunga silgimtui kikoih in sillat hoihna leh kilawmna a khangsah hi. Hikhu siampu kawma tawi ahih chiangin, taangbuang khutdim khat leh a sathau leh a silgimtui tengteng a la a, huleh maitaam ah meikhu a jamtou diingin a laan hi. Hikhu silgimtui khat kipiahdoh hun ahi.

Taangbuang tunga sathau kisung in bang poimohna a nei ei?

"Sathau" in hitahah gantate apat a kiladoh thau ahihlouhleh singkung apat kiladoh thau a kawh hi. "Sathau" leh taangbuang neel kihelkhawm in i bangkim, i haatna tengteng – i hinkhua zousiah – Pathian kawma kithoihna a i piahdoh diing uh ahi.

Pathian i biah uh ahihlouhleh A kawma sillat i piah chiangun, Pathian in Hagau Siangthou thopna leh dimna ahung pia a, huleh Amah toh tangtaha kipolhna nei diing hinkhua ah ahung pui diing hi. Sathau sung kichi in a etsah chu Pathian silkhat pouhpouh i piah chiangun, i lungtang zousiah utoh i piah diing uh ahi.

Sillatna a silgimtui in bang a ensah ei?
Romte 5:7 ah hichia gelh ahi, "Bangjiahin ahiai ichihleh midihtat luanga sih mi aut khol sih diinga, ahiinlah mi hoih luanga sih chu mi khenkhatin angaap mei thei hi." Ahihvangin, Pathian deihna dungjuiin Jesu eite, dihtatlou leh hoihlou hizongleh sualte a diingin A si hi. Tuin, Jesu lungsiatna chu Pathian a diingin bangchituh silgimtui hi diing a diai? Hujiahin Jesu'n sihna thuneihna A susia a, A thou a, Pathian jiatlam ah A tou a, kumpite Kumpi, huleh Pathian maiah silgimtui a man simseenglouh ahung suaah hi.

Ephesite 5:2 in hichiin ahung sawl hi, "Khrist in ahung lungsiat a, ei u'diinga Pathian kawma silpiah leh kithoihna namtuui diinga a kipiah bangin, lungsiatna ah um un." Jesu Pathian kawma kithoihna a lat ahih chiangin, Amah chu sillat a tunga silgimtui kisung bang ahi. Hujiahin, Pathian lungsiatna i tanta uh dungjuiin, eite chu silgimtui leh natui a, Jesu'n ana bawl banga i kilat diing uh ahi.

"Taangbuang neel tunga silgimtui koih" kichi in Jesu'n A umdan, natoh, tungtawn a silgimtui toh Pathian A tawisang bangin, eite zong Pathian Thu dungjuia i lungtang tengteng utoh i hinpih va huleh Khrist gimtuina jamdohsah in Amah i paahtawi diing uhi. Pathian chu Khrist gimtuina jamdohsah kawma Pathian kawma kipaahthu soina sillat i lat chiang chauhun, i sillatte chu taangbuang sillat Pathian pomtaah ahung hi pan diing hi.

2) Tol ahihlouhleh Khuaizu Bangmah Hellouh

Siampubu 2:11 ah hichia gelh ahi, "LALPA kawma na lat ding an-sillat mawng mawng tolsoh ahihlouh diing ahi: ajiahchu Lalpa a-diinga meia sillat bangmah ah tol aha, ahihlouhleh khuaiju aha na hallouh diing ahi." Pathian in tanghou Pathian kawma kilaan ah tol sohlouh diing ahi chiin thu A pia hi ajiahchu tol in taangbuang a suhhiing mahbangin, hagaulam "tol" in kithoihna a subuai in a susia hi.

Pathian a kiheng ngeilou leh bukim in i sillatte chu se lou a um zing diing leh Amah kawma taangbuang neel banga – i lungtang thuuhtah apat a lat diingin ahung deih hi. Hujiahin, thohlawm i thoh chiangun lungtang kihenglou, sian ghuleh siangthou, huleh Pathian a kipaah a, lungsiat a, huleh ginna toh i piah diing uh ahi.

Sillate i lat chiangun, mi khenkhatte'n midangte'n amahuh bangchiin a ngai viai chih a ngaihtuah va huleh a kilawmna in a pia uhi. Khenkhatte'n lungtang a gimna leh khawhnngaihna toh a pia uhi. Ahihvangin, Jesu Pharisaite tol lepchiahna apat kiveeng diinga ahung hilh mahbangin, a polam a siangthou a kilanga huleh midangte phat diing chauh deih a i bawl uleh, i lungtang taangbuang sillat tol in a suhnit tobang ahi diinga huleh Pathian toh bangmah kisaikhaahna a nei sih diing hi.

Hujiahin, tol um keeilou a i piah va huleh Pathian lungsiatna leh a tunga kipaahna toh i piah diing uh ahi. Phun kawmkawm leh lungliapna leh ginna bei a lungbuaina toh i piahlouh diing uh ahi. Pathian i sillatte pom diing leh hagau leh tahsa a hung gualzawl diing a ginna dettah toh kiningchingtahin i pe diing uhi. Hagaulam umzia ahung hilhna diingin, Pathian in tol toh sillat bangmah bawllou diingin ahung thupiah hi.

Khatveivei Pathian in tol toh kibawl sillat i lat diinguh ahung phalsah hun a um hi. Hih sillate chu meikhu a jam diinga hal ahi sih a hizongleh siampu in maitaam tungah a vei a Pathian kawma sillat kipia ahi chih taahlatna diingin, huleh mite laha kihawm a neeh diingin ahung tawi kiit hi. Hikhu chu "vei sillat" a kichi hi, taangbuang sillat banglou in, hikhu ah a kiheng chiangin tol soh diing phalsah ahi.

Etsahna diingin, ginna nei mite'n biahna kikhopna ah Pathianni chauhin a tel sih diing va hizongleh kikhopna dangte ah zong a tel diing uhi. Ginna a haatlou mite Pathianni Kikhopnate a, a tel va hizongleh Ziltawpni Zaan-khovaah ahihlouhleh Nilaini Nitaah Kikhopna a, a tel louh chiangun, Pathian in a silbawl uh sual in A ngai sih diing hi. A paidan toh kisai ah, Pathianni Kikhopna a daan khauhtah a kijuih leh, a pawl a kikhopna membarte ahihlouhleh kouhtuam membarte inn a biahna kikhopnate, paidan ngeina khat thusoina, haamteina leh phatna telna jui zongleh uh, a dinmun dungjuiin a paidan chu a bawllem theih hi. A bulpi leh a daan tudet mahleh uh, Pathian in mikhat dinmun ahihlouhleh ginna buuhna a kinga a bangtankhat ngaihsiam theihna a neih chu tol toh kisiam sillatte piahna hagaulam poimohna ahi.

Pathian in bang diinga khuaizu hel diing khaam ahiai?
Tol bangin, khuaizu in taangbuang hihna a suse thei hi.

Khuaizu in hitahah silhum Palestine gama tuumgah apat a kibawl a kawh hi, huleh hikhu a baihlamtahin a hiing in a muat thei hi. Hikhu jiahin Pathian in taangbuang hihna dihtah chu khuaizu hel a suhnit diing a phal sih hi. Ama'n Pathian tate'n a biah chiangun ahihlouhleh sillat a lat chiangun, lungtang bukim heemna ahihlouhleh kihenna umlou toh i biah diing uh ahi chih ahung hilh hi.

Mite'n khuaizu kihel in sillat hoihzawsah diing in a ngaihtuah meithei uhi. Mihing mitmuh in silkhat bangchituhin kilawm zongleh, Pathian in A thupiah mah leh mihing in Amah piah diinga a chiam muh ah a lungkimzaw hi. Mi khenkhatte Pathian kawma silkhat piah diinga chiam a kinoh va hizongleh a dinmun ahung kihen chiangin, a lungsim uh a heng va huleh sildang khat a pia uhi. Ahihvangin, Pathian in silkhat toh kisai thu A piah mite'n a hen va, ahihlouhleh silkhat a chiamsa utoh kisai a mahni lawhna diingin Hagau Siangthou natohna ahung kigolh chiangin a heng jel uhi. Hujiahin, mikhat in ganhing khat laan diinga a chiamleh, Pathian kawma a lat ngeingei diing ahi Siampubu 27:9-10 a hichia kigial bangin, "Huleh sillat LALPA kawma a lat diing gan ahih inchu koipouhin Lalpa a diinga a piah photmah uh silsiangthou ahi diing hi. A se luangin a hoih aha, a hoih luangin a sia aha a sulimdang diing ahi sih a, a heng diing zong ahi sih: gan gan maha a hen teeiteei diing inchu anihun a henna toh a siangthou diing uh ahi."

Pathian in Amah kawma lungtang siang toh sillatte chauh hilou a, hizongleh bangkim pe diingin ahung deih hi. Mikhat lungtang a detna ahihlouhleh zuautatna a um a ahihleh, hutobang umdan apat in Pathian a diinga pom theihlouh natoh ahung kilang diing hi.

Etsahna diingin, Kumpipa Saul in Pathian thupiahte

bangmah in a sim sih a, huleh amah deihlamin a heng hi. A tawpna ah, Pathian thu a mang sih hi. Pathian in Saul chu Amalek kumpipa, mi tengteng, huleh a ganta tengteng uh suse diingin A sawl hi. Pathian silbawltheihna toh gal a zoh chiangin, bangteng hileh, Saul in Pathian thupiahte a jui sih hi. Amelek kumpi Agag leh ganta hoih deuhdeuh a hawi a huleh ahung pui kiit hi. Tai a, a um nung in zong, Saul a kisiih sih a hizongleh thumanglou in a um a, huleh a tawp in Pathian in a nusia hi.

Kisimbu 23:19 in hichiin ahung hilh hi, "Pathian chu zuau soi maimai diing mihing ahi sih a; huleh kisiih mai diing mihing tapa zong ahi hetsih hi." Pathian kawma kipaahna i hung hihtheihna diingun, i lungtang uh lungtang siangthou a, a kihen masat a ngai hi. Mihing a diingin huleh a ngaihtuahdan in silkhat bangchituh a kilawm in kilang zongleh, Pathian in A phallouh bangmah a bawl diing ahi sih a huleh hikhu chu hun sawtpi a pailiam nunga a kihen louh diing ahi. Pathian deihzawng mite'n lungtang siang toh huleh lungtang kiheng lou toh a bawl chiangin, Pathian A kipaah hi. A sillatte A pom a huleh A gualzawl hi.

Huchi mahbangin, Pathian in zawngsat mana i pia diing uh A deih sih a huleh eimah leh eimah hichia i kihamuan uh A deih sih hi, "Ka bawl diing ka bawl ahi," hizongleh i lungtang uh ginna, kinepna, huleh lungsiatna a dim apat hung pawtdoh diingin A deih hi.

3) Chi Kihel

Siampubu 2:13 ah hichiin a kigial hi, "Huleh na an-sillat chinteng chu chi na sohveh diinga, na Pathian thuhunna chi chu na an-sillattea na sapsahlouh diing ahi: na an-sillat zousiah toh chi na latkhawm diing ahi." Chi chu an lahah a zulmang a huleh a siat diing a veeng va huleh an a diinga tuina a pia hi.

"Chi kihel" kichi in hagaulam ah "lemna bawl" chi a kawh hi. Chi in an tuina a piahna diinga a zulmang bangin, chi hihna chang lemna bawlna diingin mahni hih sihsahna kipumpiahna a ngai hi. Hujiahin, Paathian in taangbuang sillat chu chi a kisoh diing ahi A chih in lemna bawlna diinga kipumpiahna jalin Pathian kawmah kithoihna i laan diing uhi.

Hih toh kisai in, Jesu Khrist i pom masat va huleh sual, giitlouhna, etlahna, leh mihihna lui paihmangna diinga sisan pawt khopa i douna jalun Pathian toh kilem in i um diing uhi.

Etsahna diingin mikhat in a tupmawngin sual, Pathian in A huat mahmah bawl henla huleh a sualnate kisiihlou in kithoihna a laan hi. Pathian in kipaahtahin a pom sillat a pom thei sih hi ajiahchu mihing leh Pathian kikal a kilemna a seta hi. Hikhu jiahin Psalm gelhtu in hichiin a gial hi, "Ka lungtang a gilou ka ngaihtuah leh, LALPA in ahung za diing" Psalm 66:18). Pathian in i haamteina a pom chauh hilou in hizongleh i sillatte sual apat i kiheimang chiangin ahung pomsah diinga, Amah toh kilem in ahung bawl diinga, huleh A kawma i sillatte ahung pomsah diing hi.

Pathian toh kilemna bawl in michih in mahni hihna sihna kipumpiahna a bawl a ngaisah hi. Sawltaah Paul in, "Niteng in ka si," chia a phuandoh bangin, mikhat amah leh amah a nual a huleh mahni hihna sihna kipumpiahna a neih chiangin Pathian toh kilemna a tut thei hi.

Ginna a i sanggamte toh zong kilem a i um diing uh ahi. Jesu Matthai 5:23-24 ah hichiin ahung hilh hi, "Hujiahin maitaam bula silpiah diing tawia na hung laitah-a na unauin na tungah lunghihlouhna a nei chih na heetdoh leh, na silpiah diing chu hu maitaam ma-ah nusia inla chiah in; huleh na unau toh kilem masaphot inla, hujohchiangin hung inla, na silpiah diing chu pia in." Pathian in sual i bawl va, gilou a i gamtat va huleh Khrist a i sanggamte i gelgawt uleh i kithoihna kipaahtahin a pom sih diing hi.

I sanggampa'n i tung va sil gilou a bawl zongleh, i huat louh va ahihlouhleh amah tunga i phunchia louh diing uh ahi, hizongleh i ngaihdam va huleh amah toh kilem a i um diing uh ahi. A jiah bang hizongleh, Khrist a sanggampa leh sanggamnute kituaahlou leh kinaah a umlou a, ahihlouhleh amahuh i suhnat va huleh puuhsah diing hillou ahi. Mi tengteng toh kilem a i um va huleh i lungtang uh Hagau Siangthou, nuamna, huleh kipaahna a, a dim chiang chauh in, i kithoihnate chu 'chi kihel' ahung diing hi.

Huleh, Pathian thupiah ah, "Chi kihel" chu thuhun laimu ahi, "Na Pathian uh thuhun chi" kichi a i muh uh mahbangin. Tuipi tui apat chi kiladoh ahi huleh tui in Pathian Thu a ensah hi. Chi in alna a piah gige bangin, Pathian Thu chu thuhun kiheng ngei lou ahi.

"Chi kihel" kithoihna i piahte kichi umzia chu Pathian ginum thuhun kiheng ngeilou a muang a huleh lungtang tengteng toh pia chihna ahi. Kipaahna sillatte latna ah, Pathian in ahung a kisungdet, a kitatdet, huleh a luanglet in ahung thuhkiit diinga, huleh a leh 30, 60, leh 100 in i piah zahzah ahung gualzawl diing hi.

Mi khenkhatte'n hichiin a chi uhi, "Gualzawlna muh kiit diing kilametna a ka pia ahi sih a, ka piah diing jiaha ka piah ahi." Ahihvangin, Pathian chu mikhat A gualzawlna kingaingiamtaha hawltu tungah A kipaahzaw hi. Hebraite 11 in Mosi in Aigupta laltouphah a nuutsiat chiangin, Pathian in amah A piah diing "lawmman a en hi" chiin ahung hilh hi. I Jesu, a lawmman entu in, kross minsiatna poi A sa sih hi. A gah thupitah en in – Pathian in Amah tunga A piah leh mihingte hutdamna – en in Jesu'n kross gawtna khawhtah chu baihlamtahin A thuaahzou hi.

A dihtahin, mikhat in "lawmman a et" chu mikhat lungtang a hisapna a silkhat a piah jiaha a silkhat a muhkiit diing lametna toh a kibang het sih hi. Lawmman um sih mahleh, mikhat in Pathian a lungsiatna in a hinna tanpha pedoh diingin kimansa in a um hi. Ahihvangin, I Pa Pathian amah gualzawl diing utpa lungtang heetsiam a huleh Pathian silbawltheihna a gintaat, mihing in gualzawlna a hawl chianga, hukhu tobang natoh in Pathian a lungkimsah sem diing hi. Pathian in mihing in a tuh gah a aat diing chih A chiam a, huleh a hawl kawmah A pe diing hi. Pathian chu Amah Thu a ginna toh sillatte i piahna ah A kipaah a, Amah thuchiam dungjuia A gualzawlna i ngetna ginna ah zong.

4) Aaron leh A Tate a Taangbuang Sillat Behlapna

Halmang sillat chu a bawna maitaam a meikhu a jamtou diinga lat ahihlaiin, taangbuang sillat siampu kawma tawi ahi a huleh a laha khenkhat chauh maitam ah meikhu a jamtou diingin Pathian kawma lat ahi. Hikhu umzia chu biahna kikhopna chi tuamtuam Pathian kawma a bawna piah diing ahihlaia, kipaahna sillatte – taangbuang sillatte – chu Pathian kawma piah diing ahi huchia Pathian lalgam leh dihtatna diinga zat ahihna diingin, huleh a laha khenkhat chu siampute a diing, tuni a Lalpa suaahte leh biahinn a natongtute. Galatiate 6:6 in,

"Thuhilh a umpa in a hilh tu kawmah sil hoih zousiah pephal heh," a chih bangin, Pathian a khotuahna tang kouhtuam membarte'n kipaahna sillatte a lat chiangin, Pathian suaahte Thu hilhtu kipaahna sillatte a tan a neih diing ahi.

Taangbuang sillatte chu halmang sillatte toh Pathian kawma latkhawm ahi, huleh hikhu in Khrist ngei in ana hinpih natohna hinkhua etton diingin a umsah hi. Hujiahin, i lungtang zousiah leh a bawna sillatte ginna toh i piah diing uh ahi. Simtu koipouh in Pathian deihzawng toh kituaah a, a biah a huleh Amah lungkimna kithoihna namtui Pathian kawma piahna jala nitenga gualzawng kiningching a tan chu ka kinepna ahi.

Bung 5

Kilemna Sillat

"HULEH a sillat chu lemna-sillat kithoihna ahih a, ganhon laha a lat leh, atal aha, anu aha hitazongleh LALPA ma-ah dembei a laan diing hi."

(Siampubu 3:1)

1. Kilemna Sillat Poimohna

Siampubu 3 a kigial chu kilemna sillat toh kisai ahi. Kilemna sillat in dembei ganhing thahna, a sisan maitaam kiima theh, hleh a thaute Pathian kawma silgimtui a maitaam a meikhu a jamtou diinga lat chihte a huam hi. Kilemna sillat paidan halmang sillat ate toh kibang ahihlaiin, a kibatlouhna zong tampi a um hi. Mi khenkhatte'n kilemna sillat siltup a hekhial va huleh ngaihdamna muhna diing lampi bangin a ngaihtuah uhi; mohna sillatte leh sual sillatte siltup pipen chu sual ngaihdamna diing ahi.

Kilemna sillatte chu Pathian leh eite kala kilemna ngahna diinga deihna sillat ahi, huleh hikhu toh mite'n kipaahna a phuangdoh va, Pathian kawmah thuchiam a bawl va, huleh Pathian kawmah thanuamtahin a piah uhi. Sual kithoihnate leh halmang sillatte tungtawna a sualna uh ngaihdama um mite'n huleh tua Pathian toh tangtah leh kinaihtaha kizopna neite'n a tuamtuaah a, a lat uh, kilemna sillat siltup chu Pathian toh kilepna diing ahi huchia a hinkhua silbangkim Pathian lungtang zousiah toh a muanna diingun.

Siampubu 2 kilang taangbuang sillat chu kipaahna sillat banga ngaihtuah ahi a, hikhu kipaahna sillat taangpi Pathian eite hung hundam, veeng, leh niteng an diing hung pepa kawma kipaahna a kipiah ahi a, huleh hikhu chu kilemna sillat leh hukhu a kipaahthu soina toh a kibang sih hi. Pathianni a kipaahna sillat i piahte uh banah, kipaahthu soina diing jiah tuam a um chiangin kipaahna sillat tuam i piah uhi. Kilemna sillat ah Pathian lungkimsahna diing, Pathian Thu dungjuia hinna diinga mahni kikoihtuam a kisuhsiangthouna diing, huleh lungtang deihzawng Amah apata muhna diinga phatuamngaia thohlawm kipiah ahi.

Kilemna sillatte latna in umzia tampi a neih laiin, a siltup pipen chu Pathian toh kilem a umna diing ahi. Khatvei Pathian toh kilema i um kalsiah, thudih a i hinna diinguh hatna ahung pia a, i lungtang deihzawng in ahung dawnga, huleh Amah kawma thuchiam i bawlte uh suhbuchingna diing khotuahna ahung ahung piah hi.

1 Johan 3:21-22 in "Deihtahte, i lungtangin siamlouh ahung tansah louh leh Pathian lamah i haang ahi.huleh a thupiahte i juih a, a mitmuha sil kipaahhuaite i bawl jiahin i nget photmah amah a'pat i mu hi," chia a soi bangin, thudih dungjuia hinna jala Pathian maia kimuanna i hung neih chiangun, Amah toh kilemna i nei diing va huleh Amah i nget photmah vah A silbawlte i mu diing uhi. Sillat tuambiih toh amah i kipaahsah sem leh, Pathian in bangchituha kin in ahung dawng in huleh ahung gualzawl diai chih na ngaihtuah thei ei?

Hujiahin, taangbuang sillat leh kilemna sillate umzia dihtaha i heetsiam va huleh kilemna silat sillatte apat taangbuang sillat sillatte khentheih a, huchia Pathian in i sillatte kipaahtaha ahung pomsah chu a loutheilou ahi.

2. Kilemna Sillat Kithoihnate

Pathian in Siampubu 3:1 ah hichiin ahung hilh hi, "'Huleh a sillat chu lemna-sillat kithoihna ahih a, ganhon laha a lat leh, atal aha, anu aha hitazongleh LALPA ma-ah dembei a laan diing hi." Kilemna sillat chu belaam ahihlouhleh keel hi in, huleh a tal ahihlouhleh a nu hitaleh, dembei ahih diing ahi (Siampubu 3:6,12).

Halmang sillat a sillat chu bawngtal ahihlouhleh belaamtal dembei ahih diing ahi. Hikhu jiah chu halmang sillat diinga kithoihna bukim – hagaulam biahna silbawl – in Jesu Khrist, Pathian Tapa dembei hihna a kawh hi.

Ahihvang, Pathian kawma kilamna sillat Amah toh kilemna i neihna diing va i piah utoh kiton in, sillat khu dembei ahihna leh a tal leh a nu hihna ah bangmah a kikhentuam sih hi. Romte 5:1 apat in kilemna sillat piahna ah a tal ahihlouhleh a nu ahih in kikhiatna bangmah a nei sih hi, "Hujiahin, ginna a siamtansah a um in, Lalpa Jesu Khrist tungtawn in Pathian toh kilemna i neta uhi." Kross a Jesu sisan natohnate in Pathian toh kilemna a tongdohta a, huchiin a tal leh a nu ah kilimdanna a um sih hi.

Pathian in sillat chu "dembei" ahih diing ahi A chihna ah, Amah kawma hagau sesa toh hilou in hizongleh naupang hoih lungtang toh i piah uh Ama'n A lunggulh hi. Phun kawmkawm ahihlouhleh midangte phawhpha diing deihna a i piah diing uh ahi sih a, hizongleh thanuamtah leh ginna in ahi. Pathian hutdamna khotuahna jala kipaahna sillat i pia chiang va dembei sillat i piah chiang chauh un umzia a nei hi. Pathian kawma kipia sillat huchia i hinkhua lam chinteng a Amah i muanna diing va, huchia Amah i kawm va a umna diing leh hun chinteng ahung venbitna diing, huleh huchia Amah deihna banga i hinna diingun, hikhu chu i piah theih lahva hoihpen ahih a huleh khawhngaihna sangpen leh i lungtang tengteng toh piah ahih diing ahi.

Halmang sillat a sillatte toh kilemna sillatte i tehkhaah chiangin, i heet diing sil poimohtah khat a um hi: a nunungzaw pen ah vakhute a tel sih hi. Hukhu bang jiah ahiai? Mikhat bangchituhin zawng zongleh, halmang sillat chu mi zousiah in a lat diing ahi huleh hukhu jiahin Pathian a man tawm mahmah vakhute latna A phalsah hi. Estsahna diingin, a he nailou khat Khrist a, a hinkhua chau, ginna neu khat Pathianni Kikhopnate a, a tel chiangin, Pathian in halmang sillat piah bangin A ngaihtuah hi. Halmang sillat chu gingtute'n Pathian Thu kimtaha jui a, Pathian toh tangtah leh kinaihtaha kizopna nei a, hagau leh thutah a bia a umte'n a piah uh ahihlaiin, ginna a kipantuungte'n Pathian Ni a kem siangthou giap va, Pathian in hikhu ginna tawmte vakhu sillat man tawmtah chu halmang sillat bangin a ngaihtuahsah a huleh hutdamna lampi ah A pui jel hi.

Ahihvangin, kilemna sillat chu kilatna ahi teitei diing ahi sih hizonlgeh phatuamngai a kilatna ahi. Hikhu Pathian kawma mikhat in Pathian suhlungkimna tungtawn a dawnna leh gualzawlna a muhna diing ahi. A man tawm vakhu piah diing ahihleh, sillat tuambiih ahihna umzia leh siltup a mang diinga, huleh hujiahin, vakhute telsahlouh in a um hi.

Etsahna in mikhat in thuchiamna ahihloúhleh kichiamna suhbuchinna diing, lunggulhna thuuhtah, ahihlouhleh natna suhdamtheihlouh damsahna tanna diingin kithoihna bawl a ut hi. Hutobang lungtang toh kithoihna bawl diing ahi diai? Hikhu chu kipaahthu soina sillatte pangaite sanga lungtang a kipezouzaw a bawl diing ahi diing hi. Pathian chu bawngtal khat latna, ahihlouhleh mikhat in amah dinmun a kinga in, bawng ahihlouhleh belaam ahihlouhleh keel nu laan taleh, Pathian A kipaahpen diinga, vakhu manphatna chu a tawm talo diing hi.

A dihtahin, hikhu chu sillat khat "manphatna" chu a sumlam

luulna a kinga veh a chih theih sih hi. Michih in a lungtang leh lungsim zousiah toh khawhngaihna sangpen toh amah dinmun toh kituaah a sillat a guanggalh chiangin, Pathian in sillat luulna chu hukhu a hagaulam gimnamtui um a kinga in a luulna A teh diing hi.

3. Kilemna Sillat Piahna

1) Kilemna Sillat Lutung a Khut Ngahna huleh Kimuhna Puanbuuh Kotkhaah bula Thahna

Mikhat sillat hung tawi in kimuhna puanbuuh kotkhaah bulah a lutung ah a khut a ngahleh, a sualnate ganta tungah ngakhia chihna ahi. Kilemna sillat laantu in sillat tunga a khut a ngah chiangin, ama'n ganta chu Pathian kawma piah diing sillat in a koihtuam a huleh huchiin thau a nuh hi.

I sillatte a tunga i khut uh i ngahna uh Pathian kawma sillat lungkimhuai ahihna diingin, a man diing tahsalam ngaihtuahna dungjuia i tuat louh va, hizongleh Hagau Siangthou thopna dungjuiin ahi diing hi. Hutobang sillatte chu Pathian in kipaahtahin a pom diinga, tuam koih in huleh thaunuh in.

A lutunga a khut a ngah zoh chiangin, kithoihna laantu kimuhna puanbuuh kotkhaah ah a that hi. Thuhun Lui hunah, siampute chauh Biahinn ah a luut thei a huleh mite'n kimuhna puanbuuh kotkhaah bulah gantate a that uhi. Ahihvangin, sualna baang I Pathian lampi va ana dingte Jesu Khrist in a suhsiat jiahin, tuni in biahinn a i luut thei va, Pathian i be thei va, huleh Amah toh tangtahin hule kinaihtahin i kipawl thei uhi.

2) Aaron Tate Siampute'n Sisan chu Maitaam Kiimah a Theh Uhi

Siampubu 17:11 in hichiin ahung hilh hi, "Bangjiahin ahiai i chihleh tahsa hinna chu sisana um ahi a; huchu na hinna u'diinga kilepna bawlna diingin maitaam ah nanguh ka hung peta hi; ajiahchu hinna adiinga kilepna bawl chu sisan ahi." Hebraite 9:22 ah zong hichiin ahung hilh hi, "Huleh daanthuin sil zousiah chihphial sisana suhsiangthouin aum a; sisan suahlouin ngaihdamna aum sih hi," huleh hikhu in sisan jal chauh a silsiang theih i hi uh chih ahung phawhsah hi. Pathian toh tangtah leh kinaihtaha hagaulam kipawlna neihna diinga kilemna kithoihna ah, sisan theh chu a poimoh hi, ajiahchu eite, Pathian toh i kizopna uh tansate, Jesu Khrist sisan natohna umlouin Amah toh kilem in i um thei ngei sih hi.

Siampute'n sisan maitaam kiima a theh un i keeng in ahung puina lamlam huleh bangtobang dinmun ah i um un zong, Pathian toh kilemna chu a kitongdoh gige hi. Pathian chu eitoh a um gige a, ei toh kiton in A pai a, ahung veeng a, huleh i chiahna lam phot ah, i bawl phot ah, huleh koitobang i umkhawmpih photmah toh, Ama'n ahung gualzawl hi chih chiamchihna diingin maitaam kiimah sisan a kitheh hi.

3) Kilemn Sillatte Kithoihna apat Sillat chu Meikuang Tungtawn in LALPA kawmah Piah ahi

Siampubu 3 in bawngtalte chauh hilou in belaamte leh keelte kilemna sillat banga lat diingdan a soisau hi. A bawl diingdan kibang dehtah ahih dungjuiin, kilemna sillat a bawngtalte latna i enbiih diing uhi. Kilemna sillat toh halmang sillat tehkaahna ah, a vun kilip sillat tahsa kahiang tengteng Pathian kawmah piah veh ahi chih i he hi. Halmang sillat poimohna chu hagau biahna kikhopna ahi a, huleh Pathian kawm chauha a biahna kilaan ahih chiangin, sillatte chu a bawn a halmang ahi.

Kilemna sillat piahna ah, bangteng hileh, a kahiang zousiah piah ahi sih hi. Siampubu 3:3b-4 kikal a, a soi bangin, "a sung thau leh a gilbom tunga a thau um zousiah leh, a kal nihte leh atuamtu thau aphuuh kawma um leh, a sin tunga um a thau leh akalte toh a suahkhe diing hi," ganhingte sungthau a gilsung a mun tuamtuam tuamtu chu Pathian kawma silgimtui bang lat diing ahi. Ganhing tahsa mun tuamtuam apat a thau piah kichi in khomun ah um in huleh bangtobang dinmun ah ding zonglei Pathian toh kilema i um diing uh ahi.

Pathian toh kilem a um in mi zousiah toh kilem a um diing leh siangthouna delh zong a poimohsah hi. Mi zousiah toh kilem a i um chiangun Pathian tate bangin bukim i hung hithei uhi (Matthai 5:46-48).

Sillat apat a thau Pathian kawma piah diing laahkhiat ahih zoh chiangin, siampu haitan diinga kiseptuamte laahkhiat ahi. Siampubu 7:34 ah hichia gelh ahi, "Ajiahchu a awm vei leh aliang vei chu Israel tate lah ah a lemna-sillat uh kithoihnate va kipanin ka lata a, siampu Aaron leh a tapate kawmah Israel tate kumtuang thuseh diingin ka peta hi." Taangbuang sillatte a khenkhat siampu a diinga khenkhiat ahih mahbangin, Pathian kawma kipiah kilemna sillatte sehkhat chu siampute leh Levimite, a nihva Pathian leh A mite natongtu kichawmna diinga piah ahi.

Hikhu chu Thuhun Thah huna toh a kibang hi. Gingtute'n Pathian kawma a piah uh kithoihnate tungtawn in, Pathian in hagau hutdamna diinga a natoh chu sepdoh ahi a huleh Lalpa suaahte leh kouhtuam natongtute kichawmna chu etkaitouh ahi. Pathian leh siampute a diing khenkhiat ahih zoh chiangin, a um nalaite chu sillat laantu in a ne hi; hikhu kilemna sillat chituam biihna khat ahi. Hu sillat laanpa in a ne in Pathian in Amah lungkimna chiang sillat ahi chih A dawnna leh A gualzawlnate tungtawna kichian khu a kawh hi.

4. Sathau leh Sisan toh kisai Juih Diing

Gan khat Pathian kawma piah diing kithoihna a thah ahih chiangin, siampu in a sisan maitaam kiimah a theh hi. Hubanah, sung thau tengteng LALPA a ahi a, siangthou a ngaih ahi a huleh maitaam ah Pathian lungkimsah gimtui banga meikhu a jamtou diinga lat ahi. Thuhun Lui huna mite'n sathau ahihlouhleh sisan kichi mawngmawng a ne sih uhi, ajiahchu sathau leh sisan chu hinna toh kizopna nei ahi. Sisan in tahsa hinna a kawh a huleh sathau zong, sapum a diinga poimohtah ahih dungjuiin, hinna toh kibang ahi. Sathau in hinna paidan leh natohdan a pai lamzangsah hi.

"Sathau" in hagaulam poimohna bang a nei ei?

"Sathau" in lungtang siangthou hi ngaihkhawhna sangpen a kawh hi. Meikuang tungtawna sathau sillat a piah kichi in Pathian kawmah i neih bangkim leh i hihna bangkim i piah uh chihna ahi. Hikhu in ngaihkhawhna sangpen huleh lungtang zousiah Pathian pomtaah kithoihna mikhat in a piah a kawh hi. Amah lungkimsaha kilemna ngahna diinga maitaam a kipaahna sillatte kibawlte in a huamkhaahte ahihlouhleh Pathian kawma mahni kipumpiahna a poimoh mahmah laiin, a poimohzaw chu sillat i piahna va i lungtang putdan leh ngaihkhawhna i neihna uh khu ahi. Mikhat Pathian mitmuh a sual bawl in Amah toh kilemna diinga sillat a lat leh, huh sillat chu kipumpiahna nasazaw leh lungtang bukimzaw toh a bawl diing ahi.

A dihtahin, sual ngaihdamna in sual ahihlouhleh mohna

sillatte a bawl a ngai hi. Ahihvangin, mikhat a tunglam hoh a kinepna leh sual ngaihdamna meimei muhna diing chauh hilou a hizongleh Amah suhlungkimna tungtawn a Pathian toh kilemna neih a utzaw hun uh a um hi. Etsahna diingin, naupang khat in a pa tunga sil a bawlsual a huleh a lungtang nasataha a suhnatkha chiangin, a pa lungtang chu a zulmang diinga huleh a kama ngaihdam a chi meimei sangin, a pa lungkimna diing hawla theihtawp a suah chiangin a kal vah kilemna dihtah ahung um diinga huleh a silbawlsual ngaihdamna a mu diing hi.

Hubanah, "sathau" in haamteina leh Hagau Siangthou a dimna zong a kawh hi. Matthai 25 ah nungaah siangthou nga thaumei leh thautui tawi leh nungaah siangthou ngol nga thautui tawi lou huleh kiteenna a luut diing phallouh a umte thu a um hi. Hitahah "thautui" in hagaulam ah haamteina leh Hagau Siangthou a dimna a kawh hi. Haamteina jala Hagau Siangthou a dimna i tan va huleh i kiging zinga i um chiangin khovel etlahnate niin baang diing i kiveeng thei va huleh A mounu kilawmtahte bangin kigingsa a um in I Lalpa, moupa, ina ngaah uhi.

Pathian suhlungkimna diing leh A dawnnate i muhna diingun Pathian kawma kipia kilemna sillat chu haamteina in a juih diing ahi. Huh haamteina a pangai bang ahihlouh diing ahi; i lungtang zousiah huleh i neih zousiah huleh i hihna tengteng, Jesu, Gethsemane huan a, A haamtei laia, khosaul sisan khal a taahkhiat a, tual a, a tuh, bang ahih diing ahi. Hitobang haamtei koipouh in sual a dou in a paihmang diinga, suhsiangthou in ahung um diinga, huleh tunglam apat in Hagau Siangthou thopna leh dimna a tang diing hi. Hutobang mi in Pathian kawma kilemna sillat a pia chiangin, Amah A kipaah diinga huleh A dawnna kintahin A pe diing hi.

Kilemna sillat chu Pathian kawma muanna bukim toh kipia ahi, huchia Amah umpihna leh Amah venbitna nuaia hinkhua luultah i mantheihna diingun. Pathian toh kilemna bawlna ah, A mitmuha lungkimhuailou i lampite apat i kiheimang diing uh ahi; i lungtang zousiah uleh kipaahtaha Amah kawma sillatte i pia va huleh haamteina tungtawn a Hagau Siangthou a dimna i tan diing uh ahi. Huchiangin Vaangam kinepna a dim i hung hi diing va huleh Pathian toh kilemna bawl in gualzohna hinkhua ah i hung hing diing uhi. Simtu koipouh in a lungtang zousiah toh Hagau Siangthou thopna leh dimna a haamtei in huleh Amah mitmuha lungkimhuai kilemna sillatte Amah kawma pia a Pathian dawnna leh gualzawlna a muh gige chu ka kinepna ahi.

Bung 6

Sual Sillat

"Israel tate kawmah hichiin soi in, Sil bawllouh diinga LALPA'N thu a piahte, a bangpouh miin ana bawlsualkhain, a bangpouh zong ana bawltaah leh, Thaukinuh siampu in mipite bawl bang dungjuia sual a bawl inchu, a silbawlsual taah sual thoihna diingin LALPA kawmah bawngtal tuai soiseelbei khat sual-sillat diingin hung tawi heh."

(Siampubu 4:2-3)

1. Sual Sillat Chi Tuamtuam leh a Poimohna

Jesu Khrist leh A sisan natohna a i ginna uh jalin, i sualnate tengteng uh ngaihdam ahi a huleh hutdamna i hung tung uhi. Ahihvangin, i ginna uh a diha heet ahihna diingin, i muuh va "Ka gingta," chia i phuan mei uh hilou in, hizongleh natoh leh thudihna a i latsah uh a poimoh hi. Pathian maia ginna natoh Pathian in A heetpih chetna i latsah chiangun, hu ginna A mu diinga huleh i sualna uh ahung ngaidam diing hi.

Ginna jalin sual ngaihdamna bangchiin i mu thei diai? A dihtahin, Pathian ta chih vaah a, a pai gige va huleh a sual ngei louh diing uh ahi. Ahihvangin, Pathian leh gingtu khat bukim ahih masanga sual ana bawl kikal baang a din leh, a suhvengna diing a heet a huleh hukhu dungjuia a gamtat diing hi. A suhvengna chu Pathian Thu sual sillat toh kisai kigelhna ah a kimu diing hi.

Sual sillat chu, i sim mahbangun, Pathian kawma i hinkhua va ina bawl uh sual thuphatawina banga kipia sillat ahi a, huleh a bawldan chu Pathian-piah mohpuahna dungjui leh mimal ginna buuhna tuam dungjuiin a tuam hi. Siampubu 4 in sual sillatte thaunuhsa siampu khat, mipungkhawm tengteng, lamkaitu, huleh minautaangte'n a lat diing uh ahi.

2. Thaunuh Siampu Saul Sillat

Pathian in Siampubu 4:2-3 ah Mosi kawmah hichiin A hilh hi, "tells Moses in Siampubu 4:2-3, "Israel tate kawmah hichiin soi in, "Sil bawllouh diinga LALPA'N thu a piahte, a bangpouh miin ana bawlsualkhain, a bangpouh zong ana bawltaah leh,

Thaukinuh siampu in mipite bawl bang dungjuia sual a bawl inchu, a silbawlsual taah sual thoihna diingin LALPA kawmah bawngtal tuai soiseelbei khat sual-sillat diingin hung tawi heh. " Hitahah, "Israel tate" kichi in hagaulam ah Pathian tate tengteng a kawh hi. "Sil bawllouh diinga LALPA'N thu a piahte, a bangpouh miin ana bawlsualkhain, a bangpouh zong ana bawltaah leh," chih hun chu, Pathian daan, Bible Bu 66 a kigial A Thu a kimu, Ama'n "bawllouh diing thu A piah" i bohsiat hun tengteng ahi.

Siampu khat – tuni hun a diingin, Pathian Thu hilh a huleh phuangdoh thunatongtu khat in – Pathian daan a bohsiat chiangin, a sual man in mipite nasan a jelpha hi. Ama'n thudih dungjuia a belaamte a hilh louh a ahihlouhleh amah a diing chauh a, a hin leh, a sualna a khawh hi; heet louh in sual ana bawl zongleh, thuatongtu khat in Pathian deihzawng a heetsiam louh chu sil dahhuai mahmah ahi.

Etsahna in, thunatongtu khat in thudih dihloutahin hilh tahleh, a belaamte'n a thusoite a gingta sih diing va; Pathian deihzawng a nual diing va; huleh kountuam pumpi in Pathian maiah sualna baang a lam diing uhi. Ama'n "Siangthou un," "Sual a kilang photmah apat kihemkhia un," huleh "Tawplou in haamtei un" chihte ahung hilh hi. Tuin, thunatongtu in, "Jesu'n i sualnate zousiah apat in ahung hundohta hi. Huchiin biahinn i naah leh ahung hundoh diing hi" chi taleh bang a chi diai? Jesu'n Matthai 15:14 a ahung hilh bangin, "Mittaw in mittaw pui taleh, a nihun kokhuuh a ke diing uhi," thunatongtu sualna chu a thupi hi ajiahchu thunatongtu leh a belaamte Pathian apat in a peetmang diing uhi. Siampu sualnate in "mipte tunga mohna tut leh," Pathian kawma sual kithoihna a lat diing ahi.

1) Bawngtal Dembei chu Sual Sillat in a Kilaan hi

Siampu thaunuh khat a sual chiangin, hikhu in "mipite tungah mohna ahung tut" a huleh sual man chu a thupi mahmah chih a heet diing ahi. 1 Samuel 2-4 ah siampu Eli tate'n Pathain kawma sillat kipesa amahuh a diinga a kilaahna uh va sual a bawl chiangva a tungva siltung a kimu hi. Israelte'n Philistinete tunga gual a lelh chiangun, Eli tate chu thah ahi va huleh Israel keeng sepaih 30.000 in a hinna uh a taan uhi. Pathian Bawm nasan zong la in, Israel zousiah chu gimthuah in a um uhi.

Hujiahin thuphatawina sillat chu a bawna laha a luulpen ahi; bawngtal dembei ahi. Sillatte tengteng laha, Pathian in bawngtal, huleh belaamtal chu kipaahpihpen a, A pom ahi a, huleh bawngtalte manphatna chu a luulzaw hi. Sual sillat a diingin, siampu in bawngtal khat pouhpouh a lat diing ahi sih a hizongleh bawngtal dembei ahi diing ahi; hikhu in hagaulam ah sillatte chu ut lou sasa a ahihlouhleh nuamna bei a piahtheih ahi sih hi; sillat khat pouhpouh chu hinna pumpi kithoihna ahih diing ahi.

2) Sual Sillat Piahna

Siampu in sual sillat a lat diing bawngtal LALPA maiah kimuhna puanbuuh kotkhaahbul ah ahung pui a; a khut a tungah a nga a; a that a; bawngtal sisan khenkhat a la a huleh kimuhna puanbuuh ah ahung tawi a; a khutzung sisan ah a diah a huleh Biahinn puan kikhai maiah, LALPA maiah sagihvei a theh hi (Siampubu 4:4-6). Bawngtal lutung a khut ngah in mihing sualnate ganhing tunga koih chih a kawh hi. Sual bawltu mipa chu si diing ahihlaiin, sillat lutunga khut ngahna tungtawn in mipa in ganta tunga a sualnate koih in huleh ganta thahna jalin a sualnate ngaihdamna a tang hi.

Siampu in sisan khenkhat a la a, a khutzung a sunga a diah a, huleh kimuhna puanbuuh sunga Biahinn maia puanzaah maiah a theh hi. "Biahinn puanzaah" chu puanzaah kikhai sahtah Biahinn leh Siangthoute laha Siangthou khentu ahi. Sillatte chu a taangpi in Biahinn sunga kipiah ahi sih a hizongleh biahinn huangsung a maitaam a kipia ahi; ahihvaungin, siampu chu Biahinn ah sual sillat sisan toh a luut a, huleh Biahinn puanzaah, Pathian umna Siangthoute laha Siangthoupen maitahah a theh hi.

Sisan a khutzung diah in ngaihdamna diinga khutdohna a ensah hi. Hikhu in mikhat chu a muuhte ahihlouhleh thuchiam chauh in a kisiih sih a, hizongleh sual leh giitlouhna paihkhiah tahtahna jalin kisiihna gahte a suang chih a ensah hi. Khutzung sisan a diah leh "sagihvei theh" - "sagih" chu hagaulam gamah numbar bukim ahihna ah – in mikhat in a sualnate a paihmang veh hi chih a kawh hi. Mikhat in a sualnate a paihmang veh a huleh a sual kiit louh chiangin ngaihdamna bukim a muthei hi.

Siampu in kimuhna puanbuuh a LALPA maia silgimtui maitaam kii a sisan neukhat zong a koih a, huleh sisan tengteng chu kimuhna puanbuuh kotkhaahbul a halmang sillat maitaam bulah sisan a sung hi (Siampubu 4:7). Silgimtui halna maitaam – silgimtui maitaam – chu silgimtui halna diinga kiguang maitaam ahi; silgimtui a kihal chiangin, Pathian in silgimtui A pom hi. Hubanah, Bible a kii in kumpi leh a zahumna leh thuneihna a kawh hi; Kumpipa, i Pathian (Thupuandoh 5:6) a kawh hi. Silgimtui maitaaam tunga kiite a sisan koih in Pathian i Kumpipa in sillat A pom chih chiamtehna ahi.

Tuin, Pathian in a pom diingdanin tuni in i kisiih thei diai? Sual leh gilou chu sual sillat a sisan a khutzung diahna leh thehna jala sual leh giitlouhna paihmang ahi chihi a main a kisoita hi. Sualnate ngaihtuah a huleh kisiih ahihzoh chiangin, biahinn ah i hung pai diing va huleh haamteina in sual i phuang diing uhi. Pathian in A pomna diinga kiite tunga sillat sisan koih ahih bangin, i Pathian Kumpipa thuneihna maia i hung va huleh Amah kawma kisiiihna haamteina i lat diing uh ahi. Biahinn a i hung pai va, i khupdin va, huleh Hagau Siangthou i tungva kisiihna hagau hung diing hung phalsah natohnate nuaia Jesu Khrist mina i haamtei diing uh ahi.

Hikhu chu kisiih diinga biahinn a i hung pai theih masang uh i ngaah diing uh ahi chihna ahi sih hi. Pathian tungah sil bawlsual i nei chih i kiheet hunhun in, kintaha i kisiih va huleh i lampita apat a i kiheimang diing uh ahi. Hitahah, biahinn a hung pai in Khawlni, Lalpa ni a kawh hi.

Thuhun Lui huna siampu chauh in Pathian a houpih theih laiin, Hagau Siangthou in eiuh michih lungtanga ahung tentaah toh kiton in, Hagau Siangthou natohnate lahah Pathian kawmah i haamtei theita un huleh Amah toh tangtah leh kinaihtaha kizopna i neitheita uhi. Kisiihna haamteina zong Hagau Siangthou natohnate lah chauhah zong a neih theih hi. Haamteina kilaan tengteng chu Lalpa Ni kep siangthou jal chauhin a buching thei chih na lungsim ah vom in.

Mikhat Lalpa Ni kem siangthou lou in Pathian ta ahihna chetna hagaulam ah a nei sih a huleh amah a kisiihna haamteina a neih inzong ngaihdamna a mu thei sih hi. Kisiihna chu mikhat in a sual ahi chih amah a ahung heetdoh a huleh kisiihna haamteina a lat chiang chauh hilou in, hizongleh Lalpa Ni a Pathian biahinn a kisiihna haamteina a lat chiangin zong, suailou in Pathian in A pom hi.

Silgimtui maitaam kiite a sisan koih ahih zoh chiangin, halmang sillat maitaam bulah sisan tengteng sun ahi. Hikhu chu sisan, sillat hinna, huleh hagaulam a lungtang kipumpiahna toh kisiihna esnsahtu, a veha Pathian kawma lat ahihna natoh ahi. Pathian tunga sual kibawlte ngaihdamna tanna diingin i lungtang, lungsim tengteng toh kisiihna latna huleh i panlaahna thupitah leh chihtahnapen a mamoh hi. Koipouh Pathan kawma kisiihna dihtah pia in Pathian maiah sual hutobang mah a bawl kiit ngam sih diing hi.

A banah, siampu in sual sillat bawngtal apat in a thau tengteng a la a huleh halmang sillat maitaam ah meikhu a jamtou diingin a hal hi, kilemna sillat a paidan toh a kibang hi, huleh a vuuhte kipaihdohna mun giahphual polam ah ahung tawi a, huleh a vun, bawltal tahsapheh leh a lutang, a keengte huleh a sungkua zousiah a halmang hi (Siampubu 4:8-12). "Meikhu a jamtou diinga laan" kichi in thutah ah, mikhat hihna suhmang ahi a huleh thutah chauh a suaahta hi.

Kilemna sillat a thau laahkhiat ahih bangin, sual sillat ah zong thau laahkhiat ahi huleh huchiangin maitaam ah meikhua a jamtou diinga lat ahi. Bawngtal apat thau maitaam a meikhu a jamtou diinga lat in lungtang, lungsim, huleh hihtheihna tengteng toh kisiihna chauhin chu Pathian maia pomtaah ahi diing chih ahung hilh hi.

Halmang sillat a sillat kahiang tengteng maitaam a meikhu a jamtou diinga lat ahihlaiin, sual sillat ah a kahiang teng a thau leh a kal chihlouh meikhuuh a singkhuah in giahphual polam meivuuh kipaihdohna mun ah haltum ahi.

Halmang sillat chu Pathian lungkimsahna diing leh Amah

toh kipolhna neihna diinga hagaulam biahna kikhopna ahih mahbangin, hikhu chu biahinn a maitam ah meikhu a jamtou diingin a kilaan hi. Ahihvangin, sual sillat chu sual sianglou apat hutdohna diinga sual sillat ahihjiahin, maitaam ah meikhu a jamtou diingin a kilaan thei sih a huleh hikhu chu mipite tenna mun apat mun gamlatah ah halmang veh ahi.

Tuni nasan in, Pathian maia i kisiih mahmah uh sualnate paihmang vehna diinga pan i laah diing uh ahi. Hagau Siangthou meikuang toh kiuahsahna, kisahtheihna, khovel a i um laiva i nunluite uh, sual sapum natoh Pathian maia kilawmlou gamtatte, huleh hutobangte mei a i chih veh diing uh ahi. Kithoihna meikhu a jamtou diinga kilaan – bawngtal – chu a khut a lutung a nga mipa sualna koihkhum in a um hi. Hujiahin, hu mun apat in, hu mipa chu Pathian lungkimna kithoihna hing in ahung pawtdoh hi.

Huchiang ah, tuni in bang i bawlta diviai?
Lat diing bawngtal umzia leh Jesu, sual apat eite hung hundoh diinga si, kikal a hagaulam poimohna umte a main hilhchianin a umta hi. Hujiahin, i kisiih va huleh sillat kahiang tengteng mikhu a jamtou diinga lat ahihleh, hu hun apat in, Pathian kawma sillat kilaan bangin, sual sillat hung hi i Lalpa mah bangin i kiheng diing uhi. I Lalpa uh luanga kouhtuam membarte lungluuttaha natohsahin, gingtute puahgih i dawnjangkhai diing va huleh thutah leh silhoihte i pe diing uhi. Kipumpiah in huleh i kouhtuam membarte mittui, kuhkalna, huleh haamteina, toh a lungtang loulai dimsah diinga kithuahpih in, i sanggampate leh sanggamnute chu Pathian ta dihtah, siangthoute i suaahsah diing uhi. Pathian in huchiangin

kisiihna chu dih in ahung pomsah diinga huleh Pathian ta dihtahte i hung hi diing uhi.

Thunatongtute hizonglei, 1 Peter 2:9 a i sim, "Hizongleh nanguh nam telte, tungnungpen siampu, nam siangthou, Pathian a ngei mite na hi uhi," mah bangin, eite tengteng Lalpa a gingta zousiah chu siampute banga i hung bukim va huleh Pathian ta dihtahte i hung hih diing uh ahi.

Hubanah, Pathian kawma kipia sillat chu mikhat sualnate thuphatawina neih chianga kisiihna in a juih diing ahi. Koipouh naahtaha poisa leh a sualbawlte kisiih tahtah chu sillat pe diingin sawl ngailou a puiin a um diinga, huleh hutobang natohte'n a juih chiangin hitobang lungtang chu Pathian maia kisiihna bukim hawl in a ngaih theih diing hi.

3. Mipi Tengteng Sual Sillat

"Huleh Israel mipungkhawm pumpiin sil a bawlsualkhaahva, mipi mitmuha phual ahih a, LALPA'N bawllouh diinga thu a piah laha a khoipouh hitaleh a bawlva, siamlouhtang ahung hihva; A sil bawlsual uh heetdoh ahung hih inchu, mipungkhawmte'n sualna kithoihna diingin bawngtal tuai khat a laan diing uh a, mipungkhawmte biahbuuh maiah ahung pui diing uhi" (Siampubu 4:13-14).

Tuni hun a diingin, "mipi tengteng sualna" kichi kouhtuam pumpi sualbawl a soi hi. Etsahna diingin, kouhtuam sunga thunatongte, upate, deaconte lai lawitum kibawl a huleh kouhtuam mipi zousiah suhbuai a, a um hun a um hi. Khatvei lawitum a kibawl a huleh kinialna a kipat kalsiah, kouhtuam pumpi sualbawlna a tung a huleh kouhtuam membarte laha a tamzote kinialna in puikawi a, huleh khatlekhat kikal a kimuhdahna thu a kisoi a ahihlouhleh kihuatna a um chiangin Pathian maiah sualna baang sangtah a kilam hi. Pathian nasan in i meelmate lungsiat a, khatlehkhat nna kitohsah a, i kingaihngiam va, mi zousiah toh kilem a um a, huleh siangthouna delh diingin ahung hilh hi. Pathian a diingin Lalpa suaahte leh a belaamte uh kituaahlou um a ahihlouhleh Khrist a unaute khatlekhat kilang a um chu bangchituha dahhuai leh poi hi diing a diai? Hutobang sil kouhtuam sunga a tun chiangin, Pathian venbitna a tang sih diing hi; halhthahna a tung sih diinga huleh membarte zousiah innsung leh sumhawlna munah hahsatna a tung diing hi.

Bangchiin mipite zousiah sualna ngaihdamna i tang diviai? Mipite zousiah sualna heetdoh ahung hih chiangin, kimuhna puanbuuh maia bawngtal khat hung tawi diing ahi. A upate'n kilatna lutungah khut a nga diing va, LALPA maiah a that diing va, huleh sual sillat siampu in a bawl bangin a Pathian kawmah a laan diing uhi. Siampute leh mipite zousiah a diinga sual sillat kithoihna chu a manphatdan leh luuldan ah a kibang hi. Hikhu umzia chu Pathain mitmuh in, siampute'n sual a bawl uleh mipite zousiah in sual a bawl uh gihdan a kibang hi.

Huchi ahihvangin, siampu sual sillat kithoihna chu bawngtal dembei ahih diing ahih bangin, mipite zousiah sual sillat kithoihna chu bawngtal meimei khat ahih diing ahi. Hikhu jiah chu mipite zousiah chu lungtang khat hih diing leh nuam leh kipaah a sillat lat a baihlam sih hi.

Kouhtuam a pumpi a tuni a, a sual chianga huleh a kisiih ut chiangin, a membarte lahah mi khenkhat ginna neilou ahihlouhleh mi khenkhat a lungtang khauh utoh kisiih utlou keei a um thei hi. Mipite zousiah laha dembei sillat Amah kawma piah diing a baihlam louh jiahin, Pathian in A hehpihna hi toh kisai in A langsah hi. Mi tamloute'n a lungtang zousiah utoh sillat laan thei sih mahleh uh, kouhtuam membarte tamzote a kisiih va huleh a lampite vapat a kiheimang uleh, Pathian in sual sillat A pom diinga huleh A ngaihdam diing.

Mipite laha membar zousiahte'n sillat lutunga a khut uh a ngah theihlouh jiahun, mipite upate'n, mipite luangin, Pathian kawma sual sillat a piah chiangun a khutuh a nga uhi.

A bana a bawldan um nalai teng chu siampu sual sillat kalbi um teng sillat sisan a siampu in khutzung a diah apat, Biahinn puahzaah maia sagih vei theh, silgimtui maitaam kiite a sisan neukhat koih, huleh giahphual polam a sillat neng dangteng halmang chihte a kibang veh hi. Hih bawldan hagaulam poimohna chu sual apat kiheimang vehna ahi. Pathian biahinn Jesu Khrist min leh Hagau Siangthou natohna jala kisiihna haamteina zong i lat ding uh ahi huchia kisiihna chu pichingtaha pom ahihna diingin. Mipi zousiah hitobang a lungtang mun khata a kisiih chiangun, sual chu bawl kiit diing ahi sih hi.

4. Lamkai Khat Sual Sillat

Siampubu 4:22-24 ah hichia gelh ahi,

"Vaihawmtuin sil a bawlsualkhaah a, LALPA a Pathian in bawllouh diinga thu a piahte laha a khoipouh hitaleh a bawl a, siamlouh ahung tan a, ahihlouhleh a sil bawlsual ahung heetdoha ahihleh, a sillat diingin keelnou tal soiseelbei khat ahung tawi diing: Huleh keel lutungah a khut anga diinga, LALPA ma-ah, haaltum-sillat athahna mun vah athat diing hi: hichu sual-sillat ahi."

Siampu sanga dinmun ngiamzaw, "lamkaite" midangte puihuai thei leh minautaang toh hihna kibanglou ahi uhi. Hujiahin, lamkaite'n kawmah keeltal a laan uhi. Hikhu chu siampute'n a lat uh bawngtalte sangin a neuzaw a hizongleh minautaangte'n sual sillat a, a lat uh keelnu sangin a lianzaw hi.

Tuni hun a diingin, kouhtuam sunga "lamkaite" chu pawl ahihlouhleh vengsung kikhopna lamkaite ahihlouhleh Sunday skul houtute ahi uhi. Lamkaite chu kouhtuam membarte diinga puitu dinmun a natongte ahi uhi. Minautaang membarte ahihlouhleh ginna a kisintuungte banglouin, amahuh chu Pathian maia kikoihtuamte ahi va huleh huchi ahih dungjuiin, sualna kibang bawl mahleh uh, lamkaite'n kisiihna gah lianzaw a pia diing uh ahi.

Hun paisa ah, lamkai in keeltal dembei lutungah a khut a nga a a sualna keel tungah a koih a huleh huchiin Pathian maiah a that hi. Lamkai in siampu in a khutzung sisan a, a diah a, halmang sillat maitaam kiite tunga a koih a, huleh sillat sisan halmang sillat maitaam bula a sun chiangin ngaihdamna a tang hi. Kilemna sillat toh dinmun kibang a mahbangin, sillat thau chu maitaam ah meikhu a jamtou diinga lat ahi.

Siampu banglouin, lamkai in Biahinn puanzaah maiah sagihvei sillat sisan a theh sih hi; a kisiihna a latsah chiangin hikhu chu halmang sillat maitaam kiite tunga sisan koihna jalin ahi a huleh Pathian in hikhu a pom hi. Hikhu jiah chu ginna buuhna chu siampu leh lamkai kikal ah a kibang sih hi. Siampu chu a kisiih nunga a sual kiit nawn louh bangin, kithoihna sisan chu sagihvei a theh a ngai hi, hagaulam a nambar bukim in.

Lamkai khat in, bangteng hileh, heetlouhin sual a bawl kiit thei a huleh hukhu jiahin sillat sisan chu sagihvei theh diinga thupiah ahi sih hi. Hikhu Pathian, mikhat in ginna lama a phaahna chiangchiang dungjuia kisiihna tan utpa leh ngaihdamna petu, lungsiatna leh hehpihna chiamchihna ahi. Huchianga sual sillat i soina ah, "siampu khat" chu "thunatongtu" huleh "lamkai" "lamkai dinmun a ding natongtu" khat in a kisoi hi. Ahihvangin, hite chu kouhtuam sunga Pathian piah mohpuahna ah a bei sih a, hizongleh gingtu chih in ginna buuhna a neih chiang a kawh hi.

Thunatongtu khat chu ginna a, a kisuhsiangthou diinga huchiangleh gingtute pui diinga mohpuahna piah diing ahi. Midangte puihuaitu, kikhopna a lamkai, Sunday skul houtu, ginna chu siangthouna bukim tung nai sih zongleh gingtu nautaang a sanga a dinmun sangzaw a, a um diing ahi. Thunatongtu khat ginna chu ginna chu lamkai khat a sanga huleh lamkai ginna chu gingtu nautaang khat a sanga a sanzaw mahbangin, sual poimohna leh Pathian in kisiihna A lametna chu a tuamchiat hi a sual bawl uh kibang hizongleh.

Gingtu khat in, 'Ka ginna chu a bukim nailouh jiahin, sual zongleng Pathian in ijawhchiangin hun lemchang khat ahung pe kiit na diing,' chia ngaihtuah phalsah ahi chihna ahi sih hi. Mikhat in he pumpum leh deihthu a sual a bawl chiangin kisiihna tungtawn a Pathian apat ngaihdamna a mu sih diing hi, hizongleh mikhat in heetlouh a sual a bawl a huleh a khonung a sual ahihlam a heetdoh a huleh hukhu dungjuia ngaihdam a ngetleh ngaihdam ahi diing. Hubanah, sual khatvei a bawl huleh a kisiih leh, Pathian in huh kisiihna chu hutobang sual bawl kiit nawnlou diinga kuhkaltaha haamteina toh pan a laah chiangin chauhin A pom hi.

5. Minautaang Sual Sillat

"Minautaang" kichi chu ginna tawm mite, ahihlouhleh kouhtuam membarte chihna ahi. Minautaangte'n sual a bawl chiangun, ginna tawm dinmun apat a bawl uh ahi a huleh hujiahin siampu khat ahihlouhleh lamkai khat sual suallat sangin a gihna a tawmzaw hi. Minautaang khat in sual sillat in keelnu a laan diing hi, huchu keeltal, dembei sangin a neepzaw hi. Sual sillat siampu khat ahihlouhleh lamkai khat a bawl mahbangin, siampu in minautaang sual sillat kithoihna apat sisan ah a khutzung a diah a, halmang sillat maitaam kiite ah a koih a, huleh maitaam tengteng tungah a sung hi.

Minautaang in a ginna tawm dungjuia a khonung chianga sual kiit sualna kiit theihna nei ahihlaiin, a kisiih a huleh a lungtang a, a sual bawlte kisiih a, a bohkeeh leh, Pathian in hehpihna leh A langsah diinga huleh amah A ngaidam diing hi. Hubanah, Pathian in 'keelnu khat' lat diinga thu A piah dungjuiin, hih dinmun chiang sual kibawl chu keel ahihlouhleh belaamtal latna diing chiang sual kibawl ngaihdamna sangin a baihlamzaw i chithei uhi. Hikhu umzia chu Pathian in kisiih taangpi A phalsah chihna ahi sih hi, mikhat in kisiihna dihtah Pathian kawma a lat a, sual kiit nawnlou diinga thupuuhna a neih diing ahi.

Ginna tawm mikhat in a sualnate a heetdoh a huleh a kisiih a huleh hutobang sual mah bawl kiit louhna diinga pan laah theih teng a laah leh, a sual kiitna theihna diing uh chu sawmvei apat ngavei apat thumvei tanah a kiam thei a, huleh ama'n a tawp chiangah a bawn in a paihmang thei hi. Pathian in a gah toh kijui kisiihna A pom hi. Ama'n gingtu thah nasan hizongleh a kisiihna chu muuh chauh hi a lungtang apat ahihlouhleh A pom sihdiing hi.

Pathian chu gingtu thah khat in a sualna a heetdoh toh kiton a, a kisiihpah a huleh chihtahtaha a paihmang chiangin A kipaahin a huleh A paahta hi. Amah leh amah kihamuan a, 'Hitah ahi ka dinna, hujiahin hikhu kei a diingin a huntawh' a chih a kisiihna chauh hilou a hizongleh haamteina, biahna, huleh Khrist a lam chinteng a, mikhat in a tunglam a nawt sawm a huleh a hihtheihna khel a, a pai sawm chiangin, amah chu Pathian apat lungsiatna luanglet mu diing leh gualzawlnate tang diinga guat ahi.

Mikhat in keelnu a piah zohlouh a huleh huchia belaam a piah leh, belaam zong a nu dembei ahih a ngai hi (Siampubu 4:32). Mizawng in vakhu nih ahihlouhleh vapaal dawng nih a pia hi, huleh a zawngzaw in zong taangbuang neel neukhat a pe nalai hi (Siampubu 5:7,11). Dihtatna Pathian in huchiin A khen a huleh michih in ginna buuhna a neih dungjuiin sual sillatte A pom hi.

Hichiang ah bangchia thuphatawina bawl a huleh Pathian kilem diing chih mipi hihna tuamtuam leh mohpuahna tuamtuam neite'n Amah kawma sual sillatte piahdan etchian in i soikhawm uhi. Simtu koipouh in mahni a diingin Pathian-piah mohpuahna leh a ginna dinmun enchian gige in leh Pathiann kawmlam zuana a paina sual baang a kimuh tenga a dihlouhna um pouhpouh leh sualte kisiih pumlum a Pathian toh kilemna a bawl chu ka kinepna ahi.

Bung 7

Mohna Sillat

"Mi koipouhin Lalpa sil siangthoute a atatleeh a, a bawlsual khaah inchu, a tatleehna thoihna diingin belaamhon laha belaamtal soiseelbei khat mun siangthou shekel banga dangka shekel bangzah aha guuna na ngaih, a tatleehna thoihna diingin Lalpa kawmah tatleehna-sillat diingin ahung tawi diing hi."

(Siampubu 5:15)

1. Mohna Sillat Poimohna leh Umzia

Mohna sillat chu sual bawl jiah sil suhsiat man piahna diing Pathian kawma kipia ahi. Pathian mite'n Amah tunga sual a bawl chiangun, Amah kawma mohna sillat a lat va huleh Amah maia a kisiih diing uh ahi. A sualnate va kinga in, bangteng hileh, sual bawltu a lungtang a sual lampite apat a kihei chauh hilou in, hizongleh a silbawlsual tunga ama'n mohpuahna tengteng a laah a ngai hi.

Etsahna diingin, mikhat a lawmpa kawm silkhat a khel a hizongleh tuplouh in a susekha hi. Hitahah, mipa'n, "Ka bawlkhial" a chi mei thei sih hi. Ngaihdam a nget chauh hilou in hizongleh a van khelh man diing a leh kiit a ngai ahi. Mikhat in a van suhsiat a leh kiit theihlouhleh, a van suhsiat toh kituaah diing sum a lawmpa kawma a piah diing ahi. Hikhu chu kisiihna dihtah ahi.

Mohna sillat piahna in a ditna bawl ahihlouhleh silbawlsual a mohpuahna laahna tungtawn in kilemna bawl a ensah hi. Hikhu chu Pathian maia kisiihna toh a kibang ahi. Khrist a i sanggamte tunga siatna i bawlkha uh i dit ngai bangin, i kisiihna a buchinna diingin Amah tunga i sualna zoh chiangun Amah kawma kisiihna dihtah i latsah diing uh ahi.

2. Mohna Sillat Piahna Dinmun leh Paidan

1) Heetpihtu Dihlou I Bawl Zoh Chiangin

Siampubu 5:1 in hichiin ahung hilh hi, "MI koipouh a sil muh aha, a sil zaah aha-a heetpihtu ahih a, kichiamna awging a zaah-a zong soi nuamloua sil ahihsual inchu, a gitlouhna ama'n a kipuaah diing hi." Khatveivei mite'n, thudih soi diinga a kichiam nung un zong, amah dinmun diinga poi thei diing ahihchiangun zuau a soi hun uh a um hi.

Etsahna diingin, na ta ngei in sual a bawl a huleh mohna bei khat sual bawl a ngoh in a um hi. Heetpihtu a na pan leh, heetpihna dihtah pe thei diingin na kigingta ei? Na ta bitna diinga na daih dide a, midangte kawma siatna na tut leh, mite'n thudih a he sih maithei uhi hizongleh Pathian in silbangkim a mu hi. Hujiahin, heetpihtu in thudotna dihtaha a um a, koimah dihtloutaha a thuaah louhna diingin, a muh leh a zaah bangbang a soi diing ahi.

Hikhu i niteng hinkhua utoh a kibang hi. Mi tampite'n a muh uleh a zaah uh dihtahin a soidoh thei sih uhi, huleh amah uh thutanna ah thu dihlou a soi uhi. Mi khenkhatte'n a muhlouhpi uh zong a muh ngei uh mahbangin tangthu phuahtawm in heetpihna dihlou a pia uhi. Hutobang heetpihna dihlou jiahin, mohna bei mite chu a bawllouh sual bawla ngoh a um in huleh huchiin a dihloutahin a thuah uhi. Jakob 4:17 ah, "Koipouh silhoih bawl diing he a bawllou chu, sual ahi," a chi hi. Pathian tate thudih hetute'n thudih dungjuia thu a heet va huleh heetpihtu dih a soi diing uh ahi huchia midang koimah hahsatna dinmun a dinlouh va ahihlouhleh silsia a tuaahlouhna diing un.

Hoihna leh thudihte i lungtang va a teen leh, silbangkim ah thudih in i haam gige diing uhi. Sil gilou i soi sih diing va ahihlouhleh koimah tungah ngohna i bawl sih diing va, thudih i heikawi sih diing va, ahihlouhleh dawnna kituahlou i pe sih diing uhi. Mikhat in a poimoh hun a thusoi diing a kikham a, ahihlouhleh heetpihna dihlou a pia a midang a suhnat leh, mohna sillat Pathian kawma a pia diing ahi.

2) Sil Sianglou toh Kisuhkhaahna Neih Zoh Chiangin

Siampubu 5:2-3 ah hichiin a kigial hi,

Ahihlouhleh, koipouhin gamsa sianglou luang aha, ganta sianglou luang aha, ahihlouhleh bohkhupa vaah ganhing sianglou luang aha a khoih a, huleh ama'n a heetlouha ahihleh, amah zong sianglou ahi diinga, siamlouhtang ahi diing hi. Ahihlouhleh, mihinga sianlouhna, mi subuaahthei bang tobang sianlouhna hitaleh heloua a khoih leh, a heetdoh hun chiangin siamlouhtang ahi diing.

Hitahah "sil sianglou khat pouhpouh" kichi in hagaulam ah umdan dihlou thudih toh kikalh photmah a kawh hi. Hutobang umdan in sil kimu, kiza, ahihlouhleh kisoi, huleh sapum leh lungtang in a phawh silte a huamkha hi. Thudih i heet masang a, sual a i ngaih louh sil a um hi. Thudih i hung heet nung chiangin, bangteng hileh, Pathian mitmuha sil kilawmlou in hute mah i hung ngaihtuah panta uhi. Etsahna diingin Pathian i heet louh laiin, hiamngamna leh milim thanghuaite i enkha jel va hizongleh hutobangte a sianglou ahi chih a hun laiin i hedoh sih uhi. Ahihvangin, Khrist a i hinkhua i hung pat zoh chiangin, hutobang silte chu thudih kalh ahi chih i hung hedoh uhi. Khatvei thudih a, a kibuuh chianga a sianglou kikoihte bawlkha kihi ahi chih i hung heetdoh kalsiah, i kisiih va huleh Pathian kawma mohna sillatte i lat ding uh ahi.

Khrist a i hin nasan un zong, bangteng hileh, sil giloute tuplouh a i muh leh zaah hun uh a um hi. Hutobang silte i muh uh ahihlouhleh i zaah uh nung nasan a zong i kiveen theih uleh a hoih diing hi. Ahihvangin, gingtu khat in a lungtang veeng theilou meithei hizongleh hutobang sil sianglou toh kijui ngaihtuahna a pom jiahin, a sualna a heetdoh toh kiton in a kisiih pai diinga huleh Pathian kawma sual sillat a lat diing ahi.

3) Kichiamna Neih Zohchiangin

Siampubu 5:4 ah hichia gelh ahi, "Ahihlouhleh, mi koipouhin sil hoihlou hiin, sil hoih hitaleh, a bang a bang hitaleh bawl diinga a kama a kichiama, huchu ama'n a heetlouh leh, a heetdoh hun chiangin hite laha khat pen penah siamlouh tang ahi diing hi." Pathian in "silgilou bawl diing ahihlouhle sil hoih bawl diinga" kichiam A phal sih hi.

Bang diinga Pathian in kichiam, kichiamna bawl ahihlouhleh kihaahsial phallou ahiai? "Gilou bawl diinga" kichiam chu Pathian in A phallouh diing mawng ahi, hizongleh "silhoih bawl diinga" kichiam zong ahung phal sih hi ajiahchu mihing in a chiam 100% a kem thei sih hi (Matthai 5:33-37; Jakob 5:12). Thudih in a suhbuching masangsiah, mihing lungtang amah lawhna diing leh lungput dungjuiin a kivei lehleh a, a chiam a subuching sih hi. Hubanah, meelmapa dawimangpa leh Setan chu gingtute hinkhua a, a luut a huleh a thuchiam uh suhbuchinna diing a daala huchia gingtute ngoh theihna diing lampi a hawl hun a um hi. Hih etsahna khawhtah chu ngaihtuah in: Mikhat in, "Hikhu ka bawl diing jingchiangin," chiin a kichiam a, hizongleh tuni in thakhat in a si hi. A thuchiam bangchiin a subuchingthei diai?

Hikhu jiahin, mikhat gilou bawl diinga a kichiam diing ahi sih a huleh silhoih bawl diinga a kichiam zongleh, a kichiam sangin Pathian kawma a haamtei a huleh haatna a nget diing ahi. Etsahna diingin, hu mipa mah chu tawploua haamtei diinga a kichiam leh, "nitengin zaan kikhopna haamteina kikhopna ah ka hung pai zing diing" chia a kichiam sangin, "Pathian tawploua haamtei zou diingin hung panpih inla huleh meelmapa dawimangpa leh Setan hung kigolhna apat in hung veeng in" chia a haamtei zawh diing ahi. Mikhat kintaha a kichiam leh, a kisiih a huleh Pathian kawm mohna sillat a lat diing ahi.

A tung dinmun thumte laha khat a na sual leh, hu mipa'n "sual thoihnain belaamhon laha anu, belaamnou aha, keelnou aha a sil bawlsual jiaha LALPA kawma lat diingin a mohna-sillat ahung tawi diing hi; huleh siampu in amah diingin a sualna jiaha tatna a bawlsah diing hi" (Siampubu 5:6).

Hitahah, sual sillat chu mohna sillat soichianna toh kiton in thupiahin a um hi. Hikhu jiah chu mohna sillatte latna diing san sualnate a diingin zong, sual sillatte zong piah diing ahi. Sual sillat khat, a tunga kisoichian bangin, chu sualna tunga Pathian maia kisiihna diing leh hu sualnate apat kiheimang vehna diing ahi. Ahihvangin, sual in mikhat lungtang sualna lampite apat kiheimangna diinga a kouh chauh hilou in hizongleh a mohna tunga mohpuahna a laahna diingin, sual sillat in a kisiihna chu sil suhmangte ahihlouhleh suhliamte ahihlouhleh natoh khenkhatte tungtawn a mohpuahna a laah leh a bukim ahung suaah hi chih zong hilhchian ahi.

Hutobang dinmun ah, mikhat in sil bawlsual a dit chauh hilou a hizongleh Pathian maia a kisiih diing toh kiton in sual sillat toh kijui mohna sillat chu Pathian kawma a lat diing ahi. Mipa in midang tunga sil dihlou a bawl zongleh, Pathian ta ahihna dawla a bawl louh diing sual a bawlta jiahin a vaan Pa maia zong a kisiih diing ahi.

Mikhat in a sanggamnu heem in huleh a neih vante a laahsah hi. A sanggampa a kisiih utleh, a lungtang chu Pathian maia kisiihna in a botkeeh diinga huleh duhamna leh heemhatna a paihmang diing hi. A sanggamnu, a tunga a sualna nu apat ngaihdamna a tang diing hi. Tuin, a muuh chauh toh a kisiih diing ahi sih a hizongleh amah gamtatna jala a sanggampu tunga sil kisumang tengteng a dit diing ahi. Hitahah, mipa "sual sillat" chu a sual lampite apat a, a kiheikhia a huleh Pathian maia a kisiih a, huleh "mohna sillat" a bawl chu a sanggamnu apat ngaihdamna hawl a kisiihna natoh leh a sil suhmangte dihna a piah khu ahi.

Siampubu 5:6 ah, Pathian in mohna sillat toh kiton sual sillat piahna ah, belaamnu ahihlouhleh keelnu lat diing ahi chih thu a pia hi. A ban chang ah, belaam ahihlouhleh keel leizou loute'n vakhu nih ahihlouhleh vapaal nih chu mohna sillat a laan diing uh chih a kigial hi. Va nih lat diing ahi chih chiamteh in. Khat chu sual sillat a kipia ahi a huleh a dangpen chu halmang sillat ahi.

Pathian in bang diinga halmang sillat chu sual sillat vakhu nih ahihlouhleh vapaal nih toh a hun kibang a lat diing thu piah ahiai? Halmang sillat in Sabbath keep siangthou diingdana ensah hi. Hagaulam biahna ah hikhu chu natohna sillat Pathian kawma Pathiannite a kipiah ahi. Hujiahin, a ma in vakhu nih ahihlouhleh vapaal dawng nih sual sillat a halmang sillat toh lat in mihing kisiihna chu Lalpa Ni kep siangthouna suhbukim ahi chih ahung hilh hi. Kisiihna bukim in mikhat in a sual chih a heetdoh toh kiton a, a kisiihna chauh a soi sih a, hizongleh a sualnate kiphuanna leh Lalpa Ni a Pathian biahinn a kisiihna zong a soi hi.

Mikhat chu zawng mahmah in vakhu ahihlouhleh vapaal nasan pe zoulou in umleh, huchiin amah in Pathian kawmah taangbuang neel ephah sawma khat (liter 22, ahihlouhleh gallon 5 vel a tam) Pathian kawmah sillat in a laan diing hi. Sual sillat chu ganhing toh lat ahi diing hi ajiahchu hikhu ngaihdamna sillat ahihjiahin. Hizongleh, A hehpihna ah Pathian in mizawngte'n, ganhing Amah kawma laan zouloute, a luang in taangbuang a lat diing uh A phalsah a huchia a sualnate uh ngaihdamna a tan theihna diingun.

Sual sillat taangbuang kipiah leh taangbuang sillat taangbuang vui kipiah kibatlouhna a um hi. Sathau leh silgimtui chu taangbuang sillat ah a namtuina diing leh a manphatna diingin a kihel a, sathau ahihlouhleh silgimtui chu sual sillat ah a kihel sih hi. Hikhu bang jiah ahiai? Thuphatawina sillat mei a kihal in mikhat sualna mei a kihaltum toh umzia kibang a keng hi.

Sathau ahihlouhleh silgimtui taangbuang a kihel in, hagaulama a ki-et chiangin, mikhat Pathian maia kisiih diinga a hung chiang a lungput diingdan toh kisai ahung hilh hi.1 Kumpipate 21:27 in Kumpipa Ahab Pathian maia a kisiih chiangin, ama'n "a puansilhte a botkeeh a huleh sai-ip puan a silh a huleh an a ngawl hi, huleh sai-ip puan silh in a dahtahin a vaah lehleh hi," chih ahung hilh hi. Mikhat in kisiih a a lungtang a bohkeeh chiangin, amah chu ahung kisiamthah diinga, mahni kisumzohna ahung nei diinga, huleh ahung kingaingiam diing hi. A thusoidohte ah ahung pilvang diinga huleh a gamtatdan ah ahung pilvang diing hi, huleh Pathian maiah kideehzohna hinkhua a hin sawm ahi chih ahung sulang diing hi.

4) Sil Siangthoute Tunga Sual Zoh Chiang ahihlouhleh Khrist a Sanggamte tunga Manna Tut Zoh Chiangin
Siampubu 5:15-16 ah hichia gelh ahi,

Mi koipouhin LALPA sil siangthoute-a atatleeh a, a bawlsual

khaah inchu, a tatleehna thoihna diingin belaamhon laha belaamtal soiseelbei khat mun siangthou shekel banga dangka shekel bangjah aha guuna na ngaih, a tatleehna thoihna diingin LALPA kawmah tatleehna-sillat diingin ahung tawi diing hi, Huleh sil siangthou tunga poi ana bawlkhaahna chu adit diinga, mun nga-a khen mun khat a behlap diinga, siampu kawmah ape diing hi: huleh siampu in tatleeh-sillatin amah a-diingin kilepna a bawlsah diinga, ngaihdam ahi diing hi.

"LALPA sil siangthoute" kichi in Pathian biahinn ahihlouhleh Pathian biahinn huang sunga silte a kawh hi. Thunatongtu ahihlouhleh mimal sillat petu in zong Pathian diinga sil kikoihtuamte huleh siangthou a kingaite bangmah a utthu in a la in, a zang in, ahihlouhleh a zuaah thei sih hi. Hubanah, siangthou a i ngaih silte chu "sil siangthoute" chauh ahi sih a hizongleh biahinn huang sung tengteng ahi. Biahinn huang chu Pathian in A koihtuam mun leh A min A koihna mun ahi.

Khovel sil ahihlouhleh thuzuau bangmah biahinn huang a soi diing ahi sih. Gingtute nulepa hite'n a tate uh hoihtaha a hilh va huchian a kimawl louh va a tai lehleh louh va; sil a suhging vengveng louh va; sil a suhnit louh va, ahihluhleh biahinn huang sunga sil siangthoute bangmah a suhsiat louh diing uh ahi.

Pathian sil siangthoute vangsiat thu a suhsiat ahihleh, a susetu in a hoihzaw van, a bukimzaw, huleh dembei a, a dit diing ahi. Hubanah, a ditna chu a van susiat toh a man kibang ahih louh diing ahi, hizongleh "a leh nga a tam" chu mohna sillat banga behlap diing ahi. Huchiin Pathian in pomtheih a gamta diing leh mahni kisumzou kawma um diingin ahung heetsahna diingin thu ahung piah hi. Sil siangthoute toh i hung kisuhkha chiangin, pilvangtah leh kisumtheitaha i um gige va huchia Pathian a silte zatkhelh ahihlouhleh suhsiat louh i tup diing uh ahi. I pilvan louh jiaha i suhsiatkha uleh, i lungtang thuuhtah vapat i kisiih va huleh i van suhsiat uh man sanga tamzaw ahihlouhleh manphazaw a i dit diing uh ahi.

Siampubu 6:2-5 in a inveengte sumkolsah thu ah aha, leep thu ah aha, pawnglaahsah thu ah aha a inveengte kawmah zuau thu soiin heem taleh,"

ahihlouhleh, "sil kimangsah muin, hi thu-ah zuau soiin, dihloutahin kichiam taleh," hih sualnate tungtaanga ngaihdamna a tanna diingdan toh kisai ahung hilh hi. Hikhu chu mikhat in Pathian ahung gintaat ma a sildihlou bawl kisiihna diing, huleh mikhat in midang khat silneih heetlouha a laah ahung heetdohna tunga kisiih leh ngaihdamna muhna diing lampi ahi.

Hutobang sualnate jiaha thuphatawina bawlna diing chu, a neitu dihtah kawma a van leh kiit diing chauh hilou in hizongleh a va "leh nga" a behlap diing zong ahi. Hitahah, "a leh nga" kichi a a nambar lam soina ahih khelkhel diing chihna ahi sih hi. Hikhu in mikhat in kisiihna natohte a latsah chiangin, a lungtang thuuhtah apat a, ahung kuandoh diing hi. Huchiangin Pathian in a sualnate A ngaihdam diing hi. Etsahna diingin, hun paisa a silbawlsual tengteng a malmal a sim theihlouh leh dihtaha a kidit kiit theihlouh hun a um hi. Hutobang dinmun ah, mikhat in a bawl diing chu huhun a kipat a kisiihna natohte kuhkaltaha a kilatsah diing ahi. Natohna ahihlouhleh sumhawlna mun a, a sum muhdohte toh, Pathian lalgam a diingin kuhkaltahin a pe thei a ahihlouhleh mi tasamte kawmah sumlam ah a panpih thei hi. Hutobang kisiihna natohte a bawl chiangin, Pathian in a lungtang A he in huleh a sualnate A ngaidam diing hi.

Huh kisiihna chu mohna sillat ahihlouhleh sual sillat a diinga seh poimohpen ahi chih lungsim ah hezing in. Pathian in eite apat in bawngnou thau A lunggulh sih a hizongleh hagau kisiih ahi (Psalm 51:17). Hujiahin, Pathian biahna ah, sual leh gilou chu i lungtang sungnungpen vapat i kisiih va huleh hutoh kituaah gah i suan diing uh ahi. Pathian kawma biahna leh sillatte Amah lungtunna zawng na piah a, huleh na hinkhua chu kithoihna hing Amah a diinga pomtaah ahih leh, A lungsiatna leh gualzawlna sungah na pai zing diing chih ka kinepna ahi.

Bung 8

Na Sapum chu Kithoihna Hing leh Siangthou in Laan in

"Hujiahin unaute, Pathian kawma na sapum uh kithoihna hing leh, siangthou leh, pomtaah hi diinga kilaan diingin Pathian khotuahna jiahin ka hung ngeen hi, huchu na natoh diingva kilawm him ahi."

(Romte 12:1)

1. Solomon Halmang Sillatte leh Gualzawlnate

Solomon in kum 20 ahih in laltouphah a luah hi. A khandawn lai apatin ginna ah Zawlnei Nathan a kizilsiamsah a, Pathian a lungsiat a, huleh a pa, Kumpi David thupiahte a jui hi. Laltouphah a luah in, Solomon in Pathian kawmah halmang sillat sangkhat a laan hi.

Halmang sillat sangkhat lat kichi chu bangchizawng in zong a baih sih hi. A mun, a hun, sillat sung a tel diing, huleh Thuhun Lui hun a sillatte tunga kizang bawldante toh kisai juih diing tampi a um hi. Hubanah, minautaangte banglouin, Kumpi Solomon in mun zauzaw a mamoh hi ajiahchu ama'n nungjuitu mi tampi a nei a huleh sillat lat diing tampi a nei hi. 2 Khangthhu 1:2-3 ah, hichiin a soi hi, "Huchiin Solomon in Israelmi zousiah kawmah, sepaih saangteel leh jateel houtute kawmah, vaihawmtute kawmah, huleh Israel gam zousiaha houtute leh innkuan bulpente kawmah thu asoi a.Huchiin Solomon leh a kawma kikhawmte zousiah chu Gibeona um mun saangah a chiah uh, ajiahchu hutahah LALPA suaahpa Mosi in gamdaaia anabawl Pathian mipungkhawmte biahbuuh aum hi." Solomon chu Gibeon ah a chiah hi ajiahchu Pathian kimuhna puanbuuh, Mosi in gamdaai a, a bawl chu, hutahah a um hi.

Mipi kikhawmte zousiah toh, Solomon chu "Sumeng maitaam kimuhna puanbuuh ah Lalpa" maiah a chiah a, huleh halmang sillat sangkhat a laan hi. A ma in halmang sillat chu Pathian kawma kilaan silgimtui ganta kilaan khu kihaal apat hung jamdoh ahi chih a main i soita a huleh huchiin hikhu Pathian kawma hinna kilaan ahih dungjuiin hikhu in kithoihna buching leh kipumpiahna a kawh hi.

Hu zaan in, Pathian chu Solomon kawmah manglam in A kilaah a huleh hichiin A dong hi, "Ka hung piah diing ngen in" (2 Khangthu 1:7). Solomon in hichiin a dawng hi,

> Huleh Solomonin Pathian kawmah, "Ka pa David kawmah hehpihna nasatah na langsah a, huleh amah luangin kei na hung lalsahta hi. Huchiin Aw Lalpa Pathian, ka pa David kawma na thuchiam chu suhkipin um hen: ajiahchu atam lama leisiat leivuui zaat mipite tungah kumpipain na hung bawlta a. Huchiin hi mipite ma-a pawt leh luuta ka um theihna diingin pilna leh heetna hung pia in: ajiahchu hi mipi hijaat-jaat kuan ahiai vaihawmsah thei diing?" a chi a.? (2 Khangthu 1:8-10).

Solomon in hauhsatna, sum, zahumna, a meelmate hinna, ahihlouhleh damsawtna a ngen sih hi. Pilna leh heetna a mipite hoihtaha a vaihawm theihna diing chauh a ngen hi. Pathian chu Solomon dawnna ah A kipaah a huleh kumpipa chu pilna leh heetna a ngetpen chauh a pe sih a, hizongleh hauhsatna, sum, leh zahumna A pia hi, kumpipa'n a nget het louhte.

Pathian in Solomon kawmah hichiin A hilh hi, "Pilna leh heetna piah na hita a: huleh na ma-a ana um kumpipa koimahin ana neih ngeilouh, huleh na nunga zong koima'n a neih louh diing sumlepaai, hauhsatna, huleh paahtawina ka hung pia hi" (c. 12).

Pathian kawma hagaulam biahna kikhopna Amah lungkimna zawng i lat chiangun, Ama'n ahung gualzawl diinga huchiin lam chinteng ah i lamzang diinga huleh i hagau a khan dungjuiin i damtheihna zong ahung hoih diing hi.

2. Pathian Biahbuuh Khang leh Biahinn Khang

A lalgam a gamkhawm a huleh a suhkip zoh in, Kumpipa David, Solomon pa lungtang subuai silkhat a um hi: Pathian Biahinn a kibawl nai sih hi. David kumpi inn cedar singte a kibawl a, a teen laia Pathian Bawm puanbuuh puanzaah sunga kikoih ah a lungnuammoh mahmah a, huleh biahinn bawlna diing thupuuhna a nei hi. Ahihvangin, Pathian in hikhu A phalsah sih a, ajiahchu David in kidouna ah sisan tampi a suah a huleh Pathian biahinn siangthou bawl diingin a chin sih hi.

Hizongleh Lalpa thu ka kawmah ahung tunga, "Sisan tampi nana suahta a, huleh gaal lianpipi nana bawlta hi: ka mitmuha leitunga sisan tampi na suahtaah jiahin, nangma'n ka min diingin inn na bawl sih diing" (1 Khangthu 22:8).

Hizongleh Pathian in ka kawmah, "Nangma'n ka min diingin inn na bawl sih diing hi, aiahchu nang chu gaaldou mi nahi a, sisan tampi na suahta hi" (1 Khangthu 28:3).

Kumpi David in Biahinn bawl diing a tup a suhbuching theihlouh laiin, kipaahtahin Pathian Thu a mang thouthou hi. Sana, dangka, sumeng, suangmantam, huleh cedar singte, vanzat poimoh tengteng a guanggalh a huchia a bana kumpi diing, a tapa Solomon in, Biahinn a bawl theihna diingin.

A lal kum lina in, Solomon in Pathian deihna subuching diingin thuchiam a bawl a huleh Biahinn a lam hi. Jerusalem a Moriah Taang ah a siltup nasep a pan a huleh kum sawmsagih sungin a zou hi. Israel in Aigupta a nuutsiat nung kum zali leh sawmgiat zoh in, Pathian Biahinn chu zoh in a um. Solomon in Heetpihna Bawm (Thuhun Bawm) leh sil siangthou dangte zousiah Biahinn sungah a polutsah hi.

Siampute'n Heetpihna Bawm Siangthoute laha Siangthoupen a ahung puahluut chiangun, Pathian loupina in inn chu a luahdim a, "Huchiin siampute chu meipi jiahin thunatongin a ding thei sih uhi: ajiahchu LALPA loupinain LALPA inn aluahdimta hi" (1 Kumpipate 8:11). Huchiin Pathian Biahbuuh Khang chu a bei a huleh Pathian Biahinn Khang a kipan hi.

A Pathian kawma Biahinn latna haamteina ah, Solomon in Amah kawmah A mipite a sualnate uh jiaha siatna in a tuam nung nasan a Biahinn lama kihei a, kuhkaltaha a haamtei chiangun A ngaihdam diingin A ngetsah hi.

Huleh hitah mun lam nga-a a haamtei chiangun, na suaah, leh na mi Israelte ngetna ngaikhia inla: huleh na umna vaan ah ngaikhiain: huleh na zaah chiangin ngaidamin (1 Kumpipate 8:30).

Kumpipate Solomon in Biahinn bawlna in bangchituha Pathian lungkimsaha huleh gualzawlna hi ahiai chih hoihtaha a heet dungjuiin, huchiin Pathian kawmah a mipite a diingin hangsantahin a ngetsah hi. Kumpipa haamteina zaah in, Pathian in hichiin A dawng hi,

Huleh Lalpa'n a kawmah. Ka ma-a na hung tut na haamteina leh na thunget ka za a: kumtuang a ka min umna diinga na bawl hi inn ka susiangthouta a: huleh ka mit leh ka lungsim chu hutahah a um zingzing diing hi (1 Kumpipate 9:3).

Hujiahin, mikhat in Pathian a lungtang, lungsim, huleh chitahna tawpkhawh tengteng toh a biahinn huang siangthou Pathian tenna a, a biah chiangin, Pathian in amah A kituaahpih diinga huleh a lungtang deihzawng a dawng diing hi.

3. Tahsalam Biahna & Hagaulam Biahna

Bible apat in Pathian in A pom louh biahnate a um chih i he hi. Pathian biahna lungtang i neih a kinga in, Pathian in A pom hagaulam biahna a um a, huleh A pom louh tahsalam biahna kikhopna a um hi.

Adam leh Evi te a thumanlouh jiahun Eden Huan apat in nohdoh in a um uhi. Siamchiilbu 4 ah a tate nihte toh kisai i sim uhi. A tapa upazaw chu Kaina ahi a huleh a naupangzaw chu A bel ahi. Ahung pichin chiangun, Kaina leh A bel in Pathian kawmah sillat a laantuaah uhi. Kaina in lou a bawl a huleh "lei gahte" a pia hi (chang 3) huleh A bel in "a gantate laha piang masapen leh a thaute" (chang 4) a pia hi. Pathian in "A bel sillat A pom a; hizongleh Kaina leh a sillat A pom sih hi" (chang 4-5).

Bang diinga Pathian in Kaina sillat pom lou ahiai? Hebraite 9:22 ah Pathian kawma kipia sillat chu sisan sillat hagaulam lalgam daan dungjuia sualnate ngaihdam thei sillat ahih diing ahi. Hukhu jiahin, ganta bawngtal ahihlouhleh belaamte chihte Thuhun Lui hunah sillatte in a kipia a, huchia Jesu, Pathian Belaam, chu Thuhun Thah hunah A sisan suahna tungtawn in thuphatawina kithoihna ahung hi hi.

Hebraite 11:4 in hichiin a hung hilh hi, "Ginnain A bel in Kaina saangin kithoihna hoihzaw Pathian kawmah alaan a, hukhu jiahin midihtat ahi chih heetsahna aloh a, Pathian in a silpiah thu-ah a heetpih a; hukhu jiahin sita hinapiin thu asoi nalai hi." Soidan tuam in, Pathian in A bel sillat A pom hi ajiahchu Amah deihna bangin sisan sillat Pathian kawmah a pia hi, hizongleh Kaina sillat Amah deihna banga kilaan lou chu A pom sih hi.

Siampubu 10:1-2 ah, Nadab leh Abihu "LALPA maia meikuang limdangta, Ama'n thu A piahlouh" koih a, huleh meikuang "LALPA apat hung pawtdoh in," in amahuh a haltum chihthu kigial i mu uhi. Huleh 1 Samuel 13 ah zong bangchidan Pathian in Kumpipa Saul in Zawlnei Samuel natoh diing a tohna sual a bawl nunga A nuutsiat thu kigial i simdoh uhi. Philistinete toh kidouna beikuan in, Kumpipa Saul in Zawlnei Samuel chu a hung diing chiam sunga a hung louh chiangin Pathian kawmah sillat a bawl hi. Samuel ahung tun chiangin, sillat Saul in ana bawl zoh nung in, Saul in a kisiamtanna diingin a silbawl chu huphul pipi a, a bawl ahi a chi a ajiahchu mipite amah apat a taizaah jiahun. A dawnna in, Samuel in Saul a tai a, "Ngolhuaitahin na gamtaang," huleh kumpipa kawmah Pathian nang ahung nuseta hi.

Mala chi 1:6-10 ah, Pathian in Israel tate chu a lat theih uh hoihpen Pathian kawma a pia louh va, hizongleh amahuh diinga panna bei silte a pia jiahun A tai hi. Pathian in a sahkho ngeina jui biahna himahleh mipite lungtang a biahna tasam A pom sih diing chih A behlap hi. Tuni hun a diingin, hukhu umzia chu Pathian in tahsa biah piahna a pom sih diing hi.

Johan 4:23-24 in Pathian in kipaahtahin hagaulam biah piahna mipite'n hagau leh thutah Amah kawma a lat uh A pom a, huleh dihtatna, hehpihna, leh ginumna semdoh diingin A gualzawl hi. Matthai 15:7-9 ah huleh 23:13-18 ah Jesu'n nasatahin Amah hun laia Pharisaite leh lehkhagialtute mihing tawndan dettaha juia hizongleh a lungtang un thutaha Pathian be loute A tai hi. Pathian in nohhaatthu a mihing sillatte A pom sih hi.

Biahna chu Pathian in ana tungdingsa daan dungjuia lat diing ahi. Hikhu ahi Khristian sahkhua sakho dangte a juitute'n amahuh mamohte muhna diinga a bawl uh huleh amahuh lungkimna banga biahna a bawl utoh a kibatlouhdan ahi. A langkhat ah, tahsalam biah piahna chu biahna umze bei mimal biahinn ahung kai huleh biahna kikhopna a ahung tel meimeina ahi. A lehlam ah, hagaulam biahna chu Pathian tate a vaan Pa uh lungsiatte'n a lungtang thuuhtah apat paahtawina a piahna uleh hagau leh thutah a biahna kikhopna a telna uh ahi. Hutobang ahih dungjuiin, mi nih in a hun leh mun kibanga biahna a neih nasan un zong, michih lungtang a kinga in, Pathian in mikhat biahna A pom in huleh a dang biahna A nual thei hi. Mite biahinn a, a hung va huleh Pathian a biah na nasan un zong, Pathian in, "Na biahna uh ka pom sih" chitaleh a phatuam sih diing hi.

4. Na Sapum chu Kithoihna Hing leh Siangthou in Laan in

Na hinsan chu Pathian paahtawi ahihleh, biahna chu i hinkhua a, a poimoh ahi a huleh Amah biahna lungput toh hun china i hin diing uh ahi. Kithoihna hing leh siangthou Pathian pom, hagau leh thutah a biahna, chu kal khat sunga Thohtanni apat Kiginni tandonga mahni mimal deihna leh lungluutna banga hing puma Pathianni kikhop khatvei telna tungtawn a suhbuching diing ahi sih hi. Eite chu hun tengteng leh mun tengteng a Pathian be diinga kouhte i hi uhi.

Biahna nei diinga biahinn kai chu biahna hinkhua behlapna ahi. Mikhat hinkhua toh biahna kikhen chu biahna dihtah ahi sih hi, gingtu hinkhua a pum a hagaulam biahna Pathian kawma kipiah hinkhua ahih diing ahi. Paidan mumaltah leh umze kichiantah dungjuia biahinn a biahna kikhopna kilawmtah i piah chauh uh hilou in, hizongleh i niteng hinkhua va Pathian thupiahte zousiah juihna toh hinkho siangthou leh siangtaha i hin diing uh zong ahi.

Romte 12:1 in hichiin ahung hilh hi, "Hujiahin unaute, Pathian kawma na sapum uh kithoihna hing leh, siangthou leh, pomtaah hi diinga kilaan diingin Pathian khotuahna jiahin ka hung ngeen hi, huchu na natoh diingva kilawm him ahi." Jesu'n A sapum kithoihna a, A lat a mi tengteng A hutdam mahbangin,

Pathian in i sapum chu kithoihna hing leh siangthou a laan diingin ahung deih hi. Muhtheih Biahinn banah, Hagau Siangthou, Pathian toh khat a um, i lungtang va a um jiahin, koipouh Pathian biahinn i hung suaah uhi (1 Korinthete 6:19-20). Nitengin thutah ah i kisuhthah un huleh siangthou diinga i kiveen diing uh ahi. Thu, haamteina, huleh phatna i lungtang va a dim chiangin huleh Pathian biahna toh i hinkhua va silbangkim i bawl chiangun, i sapumte chu kithoihna hing leh siangthou Pathian kipaahpih a piah i hi diing hi.

Pathian toh ka kituaah main damlouhnate'n ahung tuam hi. Kinepna bei a lungkiatna in ni tampi ka zangbei hi. Kum sagih lupna ngaah a damlou a ka um zoh in, damdawi inn apat leh damdawi kietkolna man leiba tampi toh ka um hi. Ka zawng hi. Ahihvangin, Pathian ka muh chiangin silbangkim a kiheng hi. Ka natnate zousiah a damsiang veh a, huleh ka hinkhua a thah in ka zang hi.

A khotuahna a dim in, sildang tengteng tungah Pathian ka hung lungsiat panta hi. Lalpa Ni chiangin, phalvaah in ka thoukhia a, kisil ngeingei ka tum a, huleh tahsa puansilh nuainung siang ka silh hi. Kiginni in keeng moiza ana bulhkha zual taleng zong, a jingni chiangin biahinn ah a kibang ka bulh ngei sih hi. Puan siangthoupen leh kizenpen ka silh hi.

Hikhu chu gingtute biahinn a kai chiang va a polam nalh deuh a, a kichei diing uh chihna ahi sih hi. Gingtu khat in Pathian dihtaha a gintaat a huleh a lungsiat leh, Pathian maia Amah paahtawi diinga a hung chiang theihtawp suaha a kichei diing mawng ahi. Mikhat a dinmun in a puansilh diing khenkhat a phalsah louh zongleh, michih in amah phaahna chianga a hoih theipen in a kichei thei hi.

Sum thah thohlawm a thoh diing ka tum gige hi; sum thah ka muhkha tengin, thohlawm diingin ka koihtuam veu hi. Buaina dinmun ah zong, thohlawm diinga ka koihtuam sum ka khoih het sih hi. Thuhun Lui hun nasan ah, michih dinmun a kinga in dan tuamtuam a um laiin, gingtu chinteng in siampu maia a chiah chiangun thohlawm i kigin diing uh ahi chih i he uhi. Hikhu ah Pathian in mawltahin Pawtdohbu 34:20 hichiin ahung hilh hi, "Koimah khutguaah in ka mai ah ahung kilang ding ahi sih."

Chialpi bawlmi khat apat ka heet dungjuiin, kikhopna chin a diingin thohlawm tawm in tam taleh pia gige ka sawm hi. Ka sumbat a pung ditna diing zong ka zi toh ka loh un a daih zohlouh laiin zong, thohlawm thoh diingah khatvei zong ka phun ahihlouhleh ka kisiihna a um sih hi. Hagau hutdamna diing leh Pathian lalgam a zat diing leh A dihtatna sepdohna diinga a kizat chiangin bangchiin i kisiihh thei diai?

Ka kipumpiahna muh ahihzoh chiangin, a hun teel ah Pathian in bat tampi pe zou diingin ahung gualzawl uhi. Pathian kawmah upa hoih mizawngte kawma sumlam a kithuahpihna pe zou leh tagahte, meithaite, huleh damloute enkol zou diinga ahung siamna diingin ka haamtei panta hi. Huchi ahihvangin, Pathian in thunatong diingin huleh hagau simseengloute hundam kouhtuam lianpi makaih diingin gintaatlouhpi in ahung kou hi. Upa ka hung hih masang nasan in, mi tampite tunga panpihna ka pe zou a huleh damloute suhdam theihna

Pathian silbawltheihna piah in ka um hi, a nihin ka ngetna khel lam a silte ahi uhi.

5. "Nangmah a Khrist a Kisiam Masangsiah"

Nulepate ta a neih zoh chiangun a tate uh etkolna ah gimthuah tawpkhawh thuaah a thanuamtaha a pan uh bangin, gimna, thuaahzohna, huleh kipumpiahna chu hagau chih thutah a puina diing leh etkolna diingin a poimoh hi. Hih toh kisai ah Paul in Galatiate 4:19 ah hichiin a phuandoh hi, "Ka tate, nanguh a Khrist a kisiam masangsiaha ka tohgimpihte toh."

Pathian lungtang hagau khat zong vaannuai a sil tengteng sanga luulzaw a ngaihtuah leh mi chinteng in hutdamna a tan diing uh lunggulh ka heet bangin, hagau chih a tawpdong a hutdamna leh Jerusalem Thah a puiluut sawm in ken zong pan laah theihna chinteng in pan ka laah sawm hi. Kouhtuam membarte ginna chu "Khrist buchinna tan chianga" (Ephesite 4:13) pui sawm in hun lemchang ka muh teng in ka haamtei a huleh thusoi diing ka kisingsa hi. Houlimna nuamtah nei diinga kouhtuam membarte toh toukhawm chu hun a um chiangin ka ut mahmah hi, belaampu chu a belaamte lampi diha pui diinga mohpotu ahih dungjuiin, silbangkim ah kideeh ka tum a huleh Pathian in ahung piah mohpuahna ka semdoh hi.

Gingtu zousiah diinga ka deihsah nih a um hi. Khatna, gingtu tampi in hutdamna a tang changchang louh va, hizongleh Jerusalem Thah, Vaangam a mun luulpen a teeng uh ka deih hi. Nihna, gingtu zousiah in zawnna a pumpelh va huleh malam sawnna a hinkhua a, a hin uh ka deihsah hi. Kouhtuamte'n halhthahna ahung tun a huleh mipi ahung kibehlap toh kiton in sumlam a panpihna kipe diing ahung kibehlap a huleh suhdam diing zong ahung khang hi. Soidan tuam in, kouhtuam a member chih taahsapte heet a huleh hukhu dungjuia natoh chu sil baihlam ahi sih hi.

Gingtute'n sual ahung chiangun ka tungah vangih gihpen um in ka he hi. Hikhu jiah chu gingtu khat a sual chiangin amah chu Jerusalem Thah apat kikoih gamla in a um hi. Dinmun khawhtahah hutdamna nasan tang theilou diing khop in a um thei hi. Gingtu khat in amah leh Pathian kikal a sualna baang a suhsiat zoh chiang chauhin dawnnate leh hagaulam ahihlouhleh tahsalam suhdamna a tang thei hi. Gingtu sualte luang Pathian kawi a um laiin, ka ihmu thei sih a, lungvaihna toh ka kisual a, mittui ka pawtsah a huleh soi guallouh in thahatna ka kiamsah a, huleh daahkal leh ni tampi an ngawlna leh haamteina in ka zang hi.

Hih sillat hun tampi a hung pomsah in, Pathian in A hehpihna mipite, khenkhat hutdamna tang diinga kilawmloute nasan, kawmah kisiihna hagau A pia a huchia a kisiih va huleh hutdamna a tan theihna diingun. Pathian in hutdamna kotkhaahte zong A honglian a huchia mi simseenglouh khovel ningkawi a umte'n siangthouna tanchinhoih ahung zaah va huleh A silbawltheihna kiphuandohna ahung pom theihna diingun.

Gingtu tampite thutah a kilawmtaha hung khanglian ka muh chiangin, hikhu chu pastor khat ka hihna dawl ah lawmman luulpen ahi. Dembei Lalpa chu Pathian kawmah silgimtui a

Amah leh Amah A kilatkhia bangin (Ephesite 5:2), kei zong ka hinkhua lam chinteng chu Pathian kawma A lalgam leh hagaute a diingin kithoihna hing leh siangthou hi diingin malam nawt in ka kalsuan hi.

Naupangte'n Nu Ni ahihlouhleh Pa Ni (Korea "'Nulepate' Ni") nulepate zahna a piah va huleh kipaahna silpiah a piah chiangun, nulepate hu kaana a kipaahna diing uh a um sih hi. Hitobang kipaahna silpiah chu nulepate deihzawngtah hi sih meithei zongleh, nulepate chu a kipaah thouthou uhi ajiahchu a silpiahte chu a tate uh apat ahi. Hukhu toh kibang mahmah in, A tate'n Amah kawma biahna A vaan Pa uh a lungsiatna jiah va theihtawp suaha ana guanggalh uh a lat chiangun, Amah A kipaah a huleh amahuh A gualzawl hi.

A dihtahin, gingtu koimah hapta sunga a ut dandan a um a huleh Pathiannite chauha a kipiahna a latsah diing ahi sih hi! Jesu'n Luke 10:27 ahung hilh bangin, gingtu chih in Pathian chu a lungtang zousiah, hinna, hatna, leh lungsim zousiah toh a lungsiat a, huleh a hinkhua a nitenga kithoihna hing leh siangthou a, a kilat diing ahi. Pathian chu hagau leh thutah a biah in huleh na lungtang Amah kawma silgimtui a laan in, simtu koipouh in amah a diinga Pathian in ana guatlawh gualzawlna kiningchingtahin hung tangta hen.

A Gialtu
Dr. Jaerock Lee

Dr. Jaerock Lee chu Muan, Jeonam Province, Republic of Korea ah 1943 kum in a piang hi. Kum sawmnih ahihnungin, Dr. Lee chu suhdamtheihlouh natna tampi kum sagih sung a thuaah a, huleh damdohna diing kinepna um lou in sih diing ngaah in, a um hi. Kum 1974 in khokhal laiin ni khat a sanggamnu'n biahinnn a pui hi huleh khupdin a a thum chiangleh, Pathian Hing in a natna zousiah apat in a damsah veh hi.

Hutobang siltuaah toh Dr. Lee in Pathian Hing a muh toh kiton in ama'n Pathian a lungtang leh a chihtahna zousiah toh a lungsiat a, huleh 1978 kum in Pathian suaah diing a kouh in a um hi. Ama'n Pathian deihzawng kichiantah a a heettheihna diing leh a suhbichintheihna diing leh Pathian Thute a man veh theihna diingin chihtahtahin a thum hi. 1982 kum in, Manmin Central Kouhtuam, Seoul, Korea ah a phutdoh hi, huleh Pathian natohna simseenglouh, limdangtah a suhdamna leh silmahte zong tel in, a biahinn ah a tung hi.

1986 kum in, Dr. Lee in Korea a Jesus' Sungkyul Kouhtuam a Kumtawp Khawmpi ah pastor a ordained ahi a, huleh kum li zou in 1990 kum in, a thusoite Australia, Russia, Phillipines leh a dang tampi a Far East Broadcasting Company, A sia Broadcast Khawlmun, leh Washington Christian Radio System tungtawn in hahdoh ahi.

Kum thum zohin 1993 kum in, Manmin Central Kouhtuam chu Christian World tanchinbu in (US) in 'World's Top 50 Churches (Khovel a Kouhtuam Lian 50 te)' lah a khat in a teldoh hi huleh ama'n Honorary Doctorate of Divinity, Christian Faith College, Florida, USA apat a ngah hi, huleh 1996 kum in Kingsway Theological Seminary, Iowa, USA ah Ph. D in Ministry a la hi.

1993 apat in Dr. Lee in tuipi gaal lam gamte, Tanzania, Argentina, L.A., Baltimore Khopi, Hawaii, leh USA a New York Khopi, Uganda, Japan, Pakistan, Kenya, Philippines, Honduras, India, Russia, Germany, Peru, Democratic Republic of the Congo, Israel leh Estonia a chialpina a bawlna tungtawn in world mission ah lamkaihna a la hi.

2002 kum in amah chi "khovel pumpi tohhalhtu" chiin Korea a Khristian tanchinbu liante'n tuipigaal a, a chialpina tuamtuamte a a natohna sibawltheitah jiaha chih in a um hi. A diaahkhol in, a New York Crusade 2006,' Madison Square Huan, khovel-minthangpen kikhopna mun a um chu, gam 220 ah hahdoh in a um a, huleh a 'Israel United Crusade 2009' International Convention Center, Jerusalem a um ah Jesu Khrist chu Messiah leh Hundampa ahi chiin hangsantahin a phuangdoh hi.

A sermon chu huihkhua khawl, GCN TV tel in, gam 176 ah hahdoh in a um a huleh amah chu 2009 leh 2010 kumte a Khristian Lamkai Minthangpen 10 te lah ah khat in Russia Khristian tanchinbu minthang mahmah In Victory leh agency thah Christian Telegraph in a TV hahdohna natohna leh tuipigaal kouhtuam-kepna natohna jalin a koih ahi.

May 2013 tan ah, Manmin Central Kouhtuam in kouhtuam membar 120,000 vaal a nei hi. Gamsung leh tuipi gaal ah kouhtuam 10,000 khovel pumpi huap in a nei a, hu lah ah kouhtuam kahiang 56 Korea khopilian tuamtuam ah a um hi, huleh missionary 129 valte gam 23, United States, Russia, Germany, Canada, Japan, China, France, India, Kenya, leh adang tampi telin a sawldoh hi.

Hi lehkhabu kisuahdoh hun tan in, Dr. Lee in lehkhabu 85, a kizuaahdohtampen (bestsellers) Sih Ma A Kumtuang Hinna Cheplawhna (Tasting Eternal Life Before Death), Ka Hinkhua Ka Ginna I &II (My Life My Faith I&II), Kross in a Thusoi (The Message of the Cross), Ginna Buuhna (The Measure of Faith), Vaangam I &II (Heaven I & II), Meidiil (Hell), Israel Khanglou in! huleh Pathian Silbawltheihna (The Power of God), tel in a gial hi. A lehkha gelhte haam 75 valin lehdoh ahi.

A Khristian thugelhte, The Hankook Ilbo, The JoongAng Daily, The Chosun Ilbo, The Dong-A Ilbo, The Munhwa Ilbo, The Seoul Shinmun, The Kyunghyang Shinmun, The Korea Economic Daily, The Korea Herald, The Shisa News, leh The Christian Press ah ahung tuang hi.

Dr. Lee chu tu leh tu in missionary pawl leh pawlpi tampi ah, A Lu (Chairman), The United Holiness Church of Jesus Christ; Lamkailian (President), Manmin World Mission; Lamkailian Hi Tawntung (Perma nent President), The World Christianity Revival Mission Association; Mudohtu (Founder) & Board a, a lu (Chairman), Global Christian Network (GCN); Mudohtu (Founder) & Board a, A lu (Chairman), World Christian Doctors Network (WCDN); leh Mudohtu (Founder) & Board a, A lu (Chairman), Manmin International Seminary (MIS)te hihna a tu hi.

www.ingramcontent.com/pod-product-compliance
Lightning Source LLC
LaVergne TN
LVHW021826060526
838201LV00058B/3527